Immanuel Kant
und die offenen Fragen

Immanuel Kant und die offenen Fragen

Eine Bilderreise
von Antje Herzog und Thomas Ebers

BUNDESKUNSTHALLE

WIENAND

Vorbemerkung

Bereits zu Kants Zeit wurde die Aufklärung kritisiert. So berechtigt die Forderung nach Orientierung an der Vernunft und die Ablehnung von Bevormundung und Aberglauben sind: Das Licht der Aufklärung ging mit Schattenwurf und Verdunklungen einher. Wir müssen uns selbst über die Aufklärung aufklären. Auch Immanuel Kants Überlegungen sollten selbstverständlich kritisch betrachtet werden. Nicht alle seine Thesen können vor dem heutigen »Gerichtshof der Vernunft« bestehen. Dies ist aber nicht das Anliegen der vorliegenden Publikation. Sie möchte den Leser*innen die Person Immanuel Kant, sein kreatives Biotop Königsberg sowie einige zentrale Gedanken seiner Philosophie näherbringen.

Inhalt

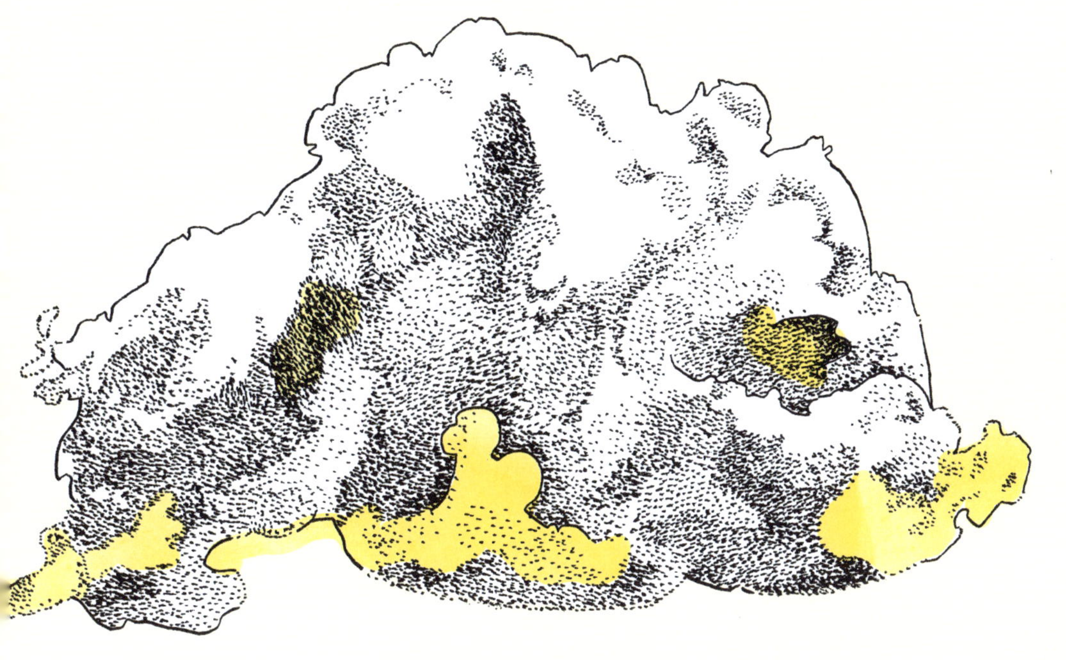

Philosophisches Wetterleuchten

Immanuel Kant – leben und lehren in Königsberg

22. April 1724 Geburt in Königsberg (Ostpreußen) als viertes von elf Kindern in die Familie des Sattler- und Riemermeisters Johann Georg Kant.

1732-40 Besuch des Königlichen Collegium Fridericianum.

1737 Tod der Mutter Anna Regina.

1740 Immatrikulation an der Albertus-Universität (Albertina), Königsberg, Studium der Naturwissenschaften, Mathematik und Philosophie.

1746 Tod des Vaters.

1748-54 Arbeit als Hauslehrer in Judtschen, Arnsdorf und Rautenburg (Preußen).

1749 Erste wichtige Publikation: *Gedanken von der wahren Schätzung der lebendigen Kräfte.*

1755 Kant wird an der Albertina zum Magister promoviert und beginnt dort im Wintersemester 1755/56 seinen philosophischen Unterricht als Privatdozent. Er veröffentlicht seine *Allgemeine Naturgeschichte und Theorie des Himmels.*

1770 Ordentlicher Professor für Logik und Metaphysik.

1781 Kants Hauptwerk *Kritik der reinen Vernunft* erscheint.

1784 Publikation des Aufsatzes *Idee zu einer allgemeinen Geschichte in weltbürgerlicher Absicht* und des Essays *Beantwortung der Frage: Was ist Aufklärung?.*

1785 Veröffentlichung von *Grundlegung zur Metaphysik der Sitten.*

1788 Mit der *Kritik der praktischen Vernunft* erscheint ein weiteres wichtiges Werk.

1790 Kants drittes Hauptwerk *Kritik der Urteilskraft* wird publiziert.

1793 Der preußische König Friedrich Wilhelm II. droht Kant mit einem Lehr- und Publikationsverbot.

1795 Veröffentlichung der Schrift *Zum ewigen Frieden.*

1797 Das Werk *Die Metaphysik der Sitten* erscheint. In diesem Jahr beendet Kant seine Lehrtätigkeit.

1798 *Anthropologie in pragmatischer Hinsicht* wird Kants letzte eigenständige Publikation.

12. Februar 1804 Tod in Königsberg.

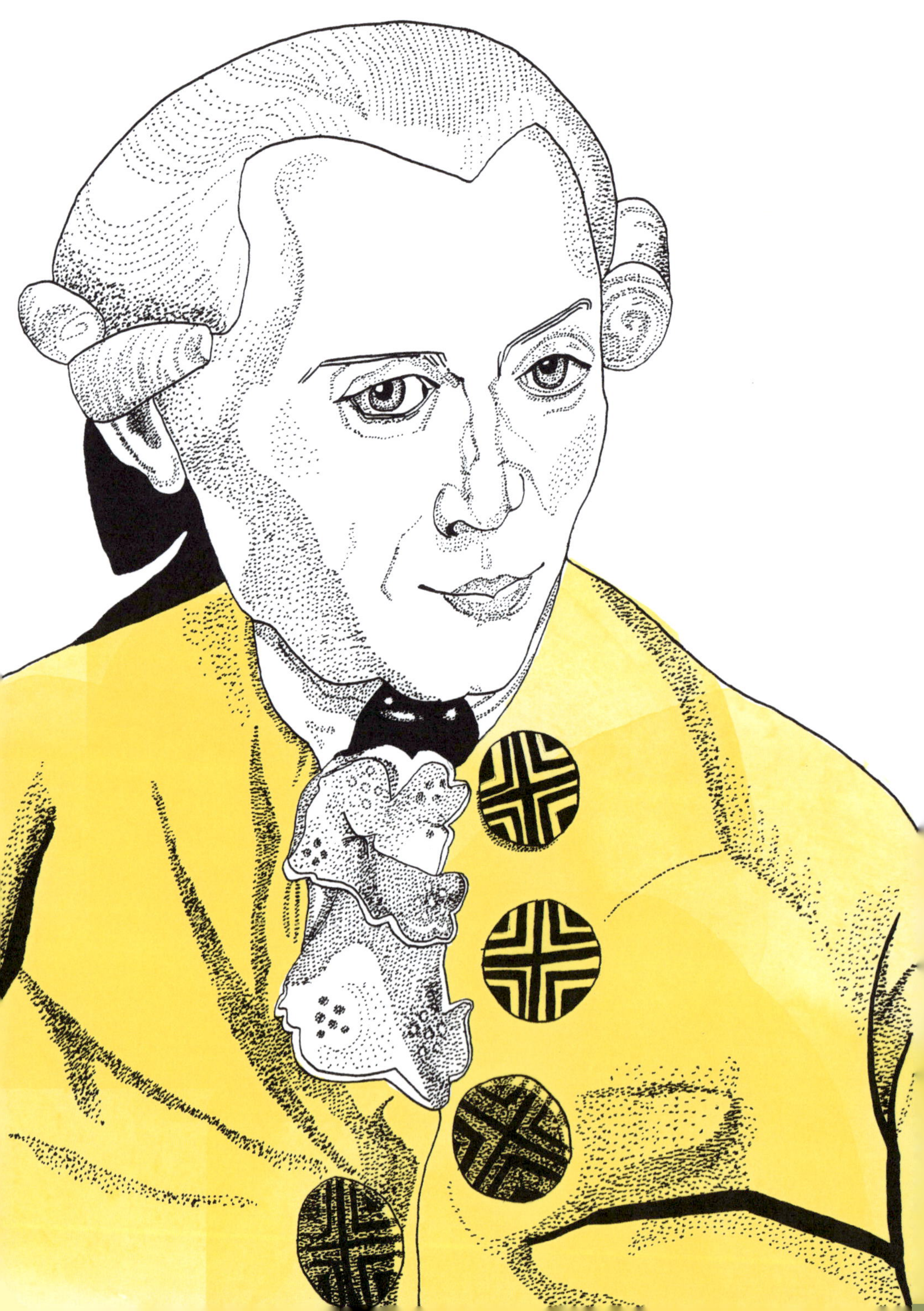

Kant und die offenen Fragen

> *» Wenn denn nun gefragt wird: Leben wir jetzt in einem aufgeklärten Zeitalter? so ist die Antwort: Nein, aber wohl in einem Zeitalter der Aufklärung.*[1]

Immanuel Kants Hauptwerke sind die drei Kritiken: *Kritik der reinen Vernunft* (1781), *Kritik der praktischen Vernunft* (1788) und *Kritik der Urteilskraft* (1790). »Kritik« (von altgriechisch κρίνειν, krínein, für »unterscheiden«) meint dabei nicht wie heute ein bloßes Bemängeln oder Beanstanden, sondern eine prüfende Beurteilung des menschlichen Erkenntnisvermögens. Oder mit Kants Worten: etwas vor den »Gerichtshof der Vernunft« stellen. Die Vernunft ist Klägerin und Angeklagte zugleich: Die Vernunft prüft die Reichweite ihrer Erkenntnis und deckt Grenzen der Vernunft auf. Dabei sucht sie Antworten auf die Fragen:[2]

Was kann ich wissen?

Was soll ich tun?

Was darf ich hoffen?

An anderer Stelle fügt Kant noch eine weitere Frage hinzu, die die drei ersten allesamt umfasst:[3]

Was ist der Mensch?

Antworten auf diese Fragen erwartet sich Kant durch eigenes kritisches Denken, ohne dass es durch religiöse Autorität oder staatliche Obrigkeit vorgegeben wäre. Er ist damit ein typischer und gleichzeitig einer der bedeutendsten Vertreter der Aufklärung.

»Sapere aude! Habe Mut, dich deines eigenen Verstandes zu bedienen!

»Aufklärung« bezeichnet eine gegen Ende des 17. Jahrhunderts in Europa entstandene geistige Bewegung. Vernunft und kritisches Denken werden zum Maßstab und zur Richtschnur allen Handelns erhoben. In seinem 1784 erschienenen Aufsatz *Beantwortung der Frage: Was ist Aufklärung?* definiert Immanuel Kant die Aufklärung als »Ausgang des Menschen aus seiner selbstverschuldeten Unmündigkeit«.[4] Der lateinische Spruch »sapere aude« bedeutet so viel wie: »Wage es, weise zu sein«. Kant machte es in der deutschen Version – »Habe Mut, dich deines eigenen Verstandes zu bedienen«[5] – zum Leitfaden der geistigen Bewegung.

In Anlehnung an die Philosophin Susan Neiman lassen sich folgende zentrale Aspekte der Aufklärung als geistige Bewegung nennen:[6]

- In und mit der Aufklärung wurden Erziehung, Bildung und Kritik zu den zentralen Themen erhoben. Sie erzeugen eine kritische Öffentlichkeit, an der jede und jeder teilhaben und in der alles auf den Prüfstand gestellt werden kann.

- Vernunft und Selbstdenken rangieren vor Obrigkeit, Autorität und Fanatismus.

- Moral steht vor dem Streben nach dem eigenen Glück. Für Kant liegt es zwar in der Natur des Menschen, nach eigenem Glück zu streben, aber es ist nicht so wichtig, das Glück zu erlangen. Wichtig ist, sich des Glücks würdig zu erweisen.

- Toleranz, insbesondere die religiöse, ist ein Zentralwert der Aufklärung – man denke etwa an Ephraim Lessings (1729–1781) Drama *Nathan der Weise* von 1779.

- Ehrfurcht statt Hybris: Dieser Aspekt findet sich in der Aufklärung häufig in Form eines konfessionell nicht gebundenen Gottesglaubens, des sogenannten Deismus. Gemeint ist eine gewisse Bescheidenheit, die die Grenzen des Machbaren und die Rolle des Zufalls im eigenen Leben anerkennt.

- Hoffnung statt Resignation: Fortschritt und »die« Weltgeschichte sind sprachliche Neuschöpfungen der Aufklärung. Nur wer an Fortschritt glaubt, kann die Geschichte positiv beeinflussen. Andernfalls gilt es sich einzurichten, sich abzufinden, zu resignieren.

Zwar sind »die Gedanken frei«, wie es in einem um 1800 entstandenen deutschen Volkslied heißt, aber Denken lebt auch vom Austausch und der freien Rede, wie Kant in seinem Aufsatz *Was heißt: Sich im Denken orientieren?* aus dem Jahr 1786 hervorhebt. Ohne diese lebendige Kommunikation – oder Dialog – ist das Denken selbst gefährdet:

> » *Also kann man wohl sagen, daß diejenige äußere Gewalt, welche die Freiheit, seine Gedanken öffentlich mitzuteilen, den Menschen entreißt, ihnen auch die Freiheit zu denken nehme [...].*[7]

Denken ist kein eigenbrötlerischer Akt. Denken bedarf des Austauschs und der Öffentlichkeit.

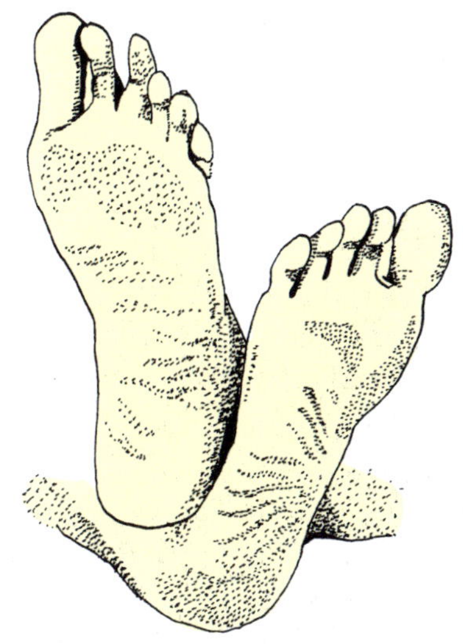

Gegen den Finsternishandel

Bringen wir etwas Licht ins Dunkel: Das Licht als Metapher für Erkenntnis und Verstehen ist bereits in der antiken griechischen Philosophie zu finden. In seinem berühmten »Höhlengleichnis« schilderte der Athener Philosoph Platon (428/7–348/7) den Weg aus einer unterirdischen Höhle hinauf zum Licht als einen Akt der Erkenntnis.

Im Zeitalter der Aufklärung sollte dieses Licht der Vernunft den Aufbruch in die Moderne erhellen, welche als Gegenpol zu dem als Epoche dunklen Aberglaubens wahrgenommenen Mittelalter stand. Bevor im deutschen Sprachgebrauch der Begriff »Aufklärung« üblich wurde, verwendete man das englische Verb »to enlighten«, was »Verständnis schaffen« oder »über eine Sache erhellend informieren« bedeutete. Andere europäische Sprachen griffen die Metaphorik des Lichts und des Hellerwerdens für die Bezeichnung dieser geistesgeschichtlichen Epoche direkt auf – »les lumières«, »enlightenment«, »illuminismo«, »oświecenie«. Die Aufklärer werden als »Lichthändler« wahrgenommen, die sich gegen den »Finsternishandel« wenden, wie es der Gelehrte Georg Christoph Lichtenberg (1742–1799) ausdrückte.[8]

Lichtfunken

In den Jahren 1751–80 erschien die *Encyclopédie ou Dictionnaire raisonné des sciences, des arts et des métiers* (zu Deutsch: Enzyklopädie oder vernünftiges Wörterbuch der Wissenschaften, Künste und Handwerke). Zu ihren über 140 Autoren gehörte neben den beiden Herausgebern Denis Diderot (1713–1784) und Jean le Rond d'Alembert (1717–1783) die intellektuelle Elite Frankreichs, darunter Voltaire (François-Marie Arouet, 1694–1778), Jean-Jacques Rousseau (1712–1778), Charles-Louis de Secondat, Baron de La Brède et de Montesquieu (1689–1755), Georges-Louis Leclerc, Comte de Buffon (1707–1788) und Marie Jean Antoine Nicolas Caritat, Marquis de Condorcet (1743–1794). Die 35 Bände der Enzyklopädie versammelten in alphabetisch angeordneten Artikeln das verfügbare Wissen ihrer Zeit, frei von hierarchischen Denkmustern des absolutistischen Staates und der Kirche. Mit mehr als 25 000 verkauften Exemplaren avancierte die *Encyclopédie* zu einem großen Bucherfolg im 18. Jahrhundert. Friedrich Schiller (1759–1805) bezeichnete die Gedanken Diderots in einem Brief an Johann Wolfgang von Goethe (1749–1832) vom 12. Dezember 1796 als »Lichtfunken«.

Und heute?

Bis heute ist der Ausdruck »Licht als Metapher der Wahrheit«,[9] wie der Philosoph Hans Blumenberg seinen 1957 erschienenen Aufsatz betitelte, gebräuchlich. »Licht« steht für Transparenz, (Durch-)Sichtbarkeit. Be- und Erleuchtung kann auch dazu dienen, metaphysische und ideologische Ansprüche zu stützen. Bereits in der Romantik finden sich Ansätze zu einer Lichtmetaphysik – weg vom Licht des Denkens, hin zu Lichtquellen außerhalb unseres Denkens. Es ist auch eine Reaktion auf eine zu große Transparenz, die das Geheimnisvolle und das Fremde aus der Sicht der Romantik zu wenig beachtete. Und heute sind es die modernen digitalen Möglichkeiten, die zu kritischen Fragen verleiten. Der Philosophiehistoriker Johann Kreuzer fragt beispielsweise: »[...] bedeutet ›Transparenz, Durchsichtigkeit‹ nicht auch restlose, d. h. schattenlose Kontrolle? Besteht nicht die Gefahr, dass [...] die als Prinzip der Aus- wie Durchleuchtung aller Lebensbereiche wirksam werdende Mächtigkeit des Lichts eine erschreckende Dimension erlangt?«[10]

Kindheit und Jugend – begabt und aus kleinbürgerlichen Verhältnissen

9
3
10
4
11
1
7

6
2
8
Kants Spaziergang

Königsberg

Der Gelehrte Johann Georg Krünitz schreibt in seiner *Encyclopédie* von 1788 über Kants Geburtsstadt, die heute Kaliningrad heißt: »Königsberg, in Preußen, [...] die Haupt-Stadt des ganzen Königreiches, einer der vornehmsten Handels-Orte in Europa, und eine ehemahlige Hanse-Stadt, am Einflusse des Flusses Pregel, über welchen 7 Brücken gehen in den frischen Haf, [...] Diese in aller Betrachtung schöne Stadt besteht aus drey Städten, nähmlich Altstadt, Löbenicht und Kneiphof, davon die beyden ersten in Samland liegen, die dritte aber in Natangen. Auch werden noch die Festung Friedrichsburg und 14 Vorstädte dazu gerechnet.«[11]

1 Kants Geburtshaus lag in der Vorderen Vorstadt. 1733 übernahm Kants Vater, ein Riemermeister, den Betrieb seines verstorbenen Schwiegervaters. Die gesamte Familie zog daraufhin in das Haus der Großmutter in der Sattlergasse.

2 Das Königliche Collegium Fridericianum war die bedeutendste höhere Schule weit und breit. Der junge Immanuel verbrachte acht Jahre an der Schule, die im Volksmund die »Pietisten«-Schule genannt wurde.[12]

3 Fremden, die ihn besuchten, empfahl Kant mit Vorliebe die Besteigung des Schlossturmes, weil man von da die schönste Aussicht über die Stadt hatte.

4 Der reiche Kommerzienrat Friedrich Saturgus besaß im Stadtteil Lastadie ein großes Anwesen. Dort legte er den berühmten Saturgus'schen Garten an, der als ein Höhepunkt der Gartengestaltung im Rokoko galt.

5 Bis 1766 wohnte und lehrte Kant in der Magistergasse in unmittelbarer Nähe der Universität. Danach bezog er eine Wohnung in dem geräumigen Haus seines Verlegers Johann Jakob Kanter (1738–1786), welches auch als das alte Rathaus von Löbenicht beschrieben wurde.

6 Das Barockpalais des Reichsgrafen von Keyserlingk auf dem Vorderroßgarten Nr. 53–54 war der gesellschaftliche Mittelpunkt der Stadt. Dort traf sich alles, was in Königsberg Rang und Namen hatte. Im Zentrum dieses »Musenhofes« stand die gebildete Gräfin Caroline Charlotte von Keyserlingk.

7 Den bei Königsbergern beliebten Spazierweg ließ der Bürgermeister Theodor von Hippel (1741–1796) mit den damals stilbildenden »englischen Partien« verschönern und gab ihm Kant zu Ehren den Namen »Philosophendamm«.

8 In seiner Wohnung nahm Kant besonders gern den Platz am Ofen ein, von wo aus er den Ausblick auf die benachbarten Gärten und den Löbenichtschen Kirchturm genießen konnte.

9 1784 bezog Kant sein eigenes Haus in der ruhigen Prinzessinstraße in unmittelbarer Nachbarschaft zum Schloss. Hier sollte er bis zu seinem Tod 1804 leben, lehren und Gäste empfangen.

10 Auf der Gartenseite stieß die Parzelle auf das Schlossareal. Die imposante Silhouette des Schlosses wurde seit dem 13. Jahrhundert beständig verändert und entwickelte sich zu einem Wahrzeichen des Königsberger Stadtbildes.

11 Zu Beginn des 18. Jahrhunderts gab es in Deutschland 28 Universitäten mit insgesamt etwa 9000 Studenten. Die Universität zu Königsberg gehörte mit 300–500 Studenten zu den größeren Hochschulen und umfasste alle vier Fakultäten: Theologie, Rechtswissenschaft, Medizin und Philosophie.

Die ganze Welt in Königsberg

Nach Einschätzung Kants war die zu seinen Zeiten bedeutende Handelsstadt Königsberg besonders geeignet, um Menschenkenntnis zu erlangen:

» Eine große Stadt, der Mittelpunkt eines Reichs, in welchem sich die Landescollegia der Regierung desselben befinden, die eine Universität (zur Cultur der Wissenschaften) und dabei noch die Lage zum Seehandel hat, welche durch Flüsse aus dem Innern des Landes sowohl, als auch mit angrenzenden entlegenen Ländern von verschiedenen Sprachen und Sitten, einen Verkehr begünstigt, – eine solche Stadt, wie etwa Königsberg am Pregelflusse, kann schon für einen schicklichen Platz zur Erweiterung sowohl der Menschenkenntnis als auch der Weltkenntnis genommen werden; wo diese, auch ohne zu reisen, erworben werden kann.[13]

Immanuel Kant

267 Straßen und Plätze[14]

2 Rathäuser

23 Kirchen

1 Universität

7 Schulen

4308 Häuser

590 Speicher

985 Ställe

6 Märkte

10 öffentliche Waagen

3 Buchdruckereien

136 öffentliche Brunnen

1383 private Brunnen

24 Stifte

2 Hospitäler
4 Lazarette

4 Pesthäuser

10 Apotheken

15 Vorwerke

3 Armenhäuser

10 Dörfer

1 Waisenhaus

45 Mühlen

3 städtische Gefängnisse

1 Zuchthaus

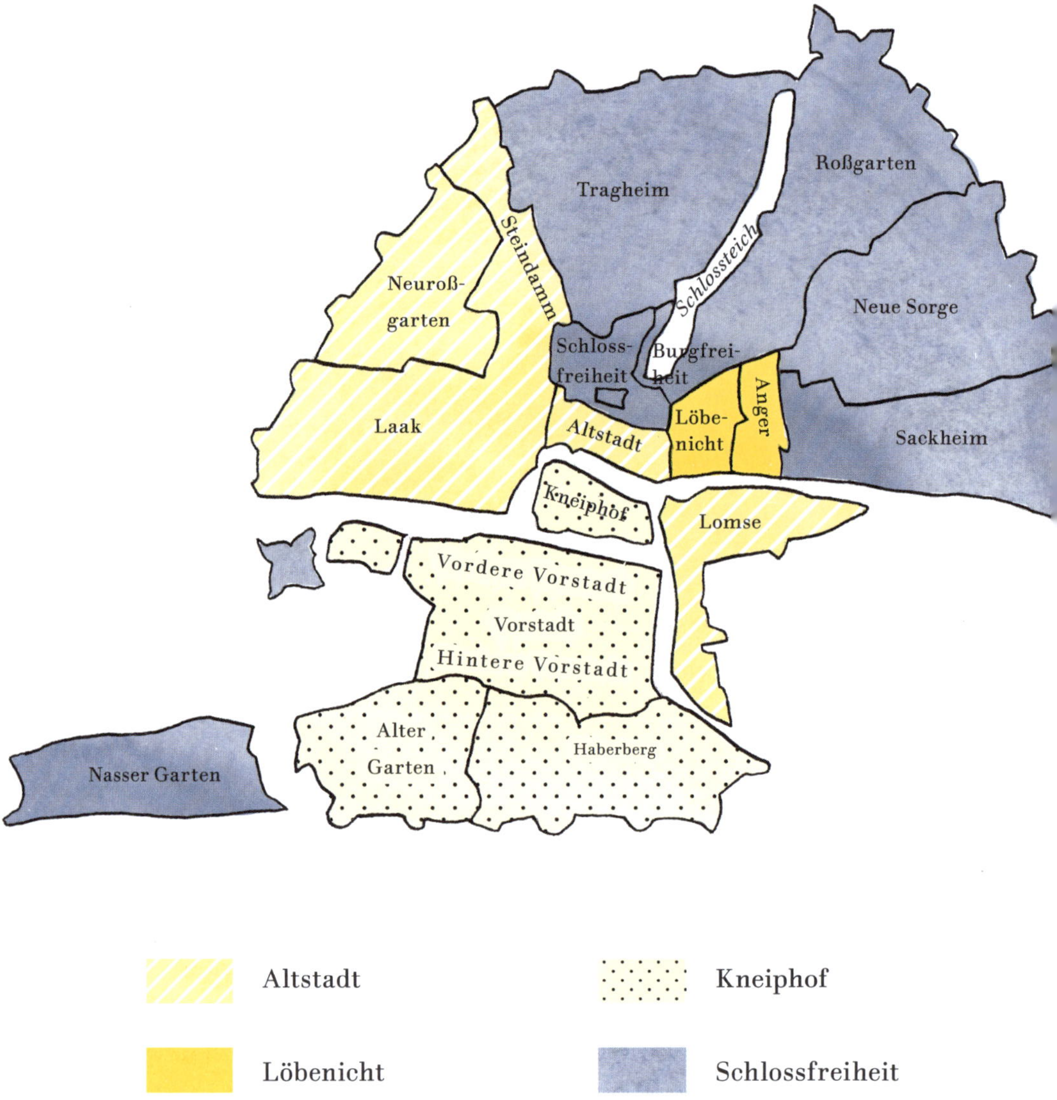

Tragheim
Roßgarten
Schlossteich
Steindamm
Neuroß-
garten
Neue Sorge
Schloss-
freiheit
Burgfrei-
heit
Anger
Laak
Löbe-
nicht
Altstadt
Sackheim
Kneiphof
Lomse
Vordere Vorstadt
Vorstadt
Hintere Vorstadt
Alter
Garten
Haberberg
Nasser Garten

Altstadt

Kneiphof

Löbenicht

Schlossfreiheit

Eine andere Ansicht bezüglich der Stadt Königsberg vertrat der preußische König Friedrich II., als er im Jahr 1739 sagte, diese Stadt könne »besser Bären aufziehen als zu einem Schauplatz der Wissenschaften dienen«.[16]

Friedrich II., König von Preußen

Ein bekannter alter Königsberger Stadtreim gibt den Bezug der Stadtteile zum sozialen Status der Bewohnerinnen und Bewohner an:

> »In der Altstadt die Macht,
> Im Kneiphof die Pracht
> Im Löbenicht der Acker,
> Auf dem Sackheim der Racker.«[15]

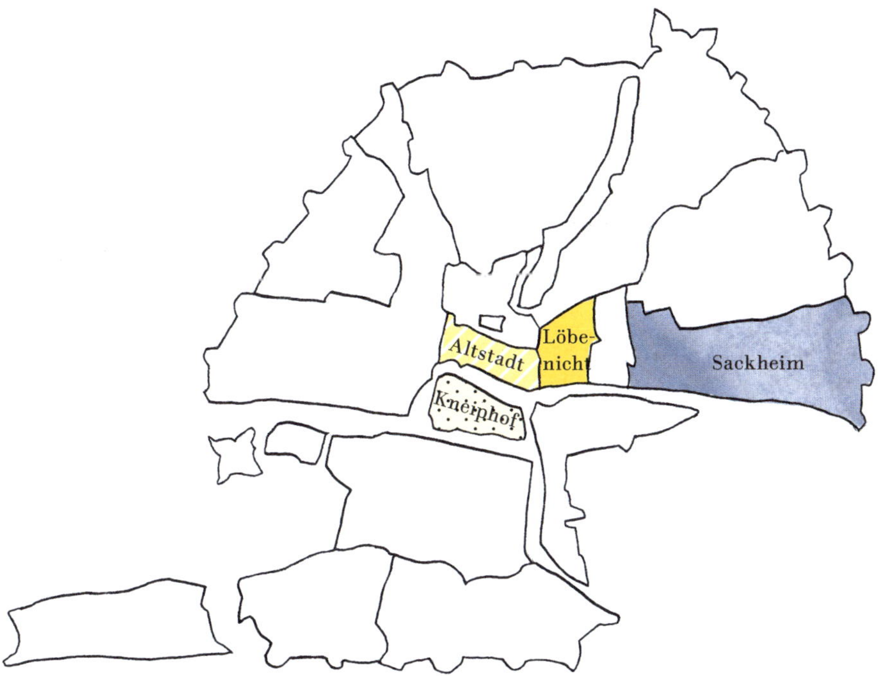

Hier irrte der König, und so lehnte er 1756 Kants Bewerbung für die Professur für Logik und Metaphysik an der Königsberger Universität ab. Erst 1770 konnte Kant diese Stelle als ordentlicher Professor antreten. Es ist also kein Zufall, dass Kant sein 1781 erschienenes Hauptwerk *Kritik der reinen Vernunft* nicht dem König selbst, sondern dessen Staatsminister Karl Abraham Freiherr von Zedlitz (1731–1793) widmete …

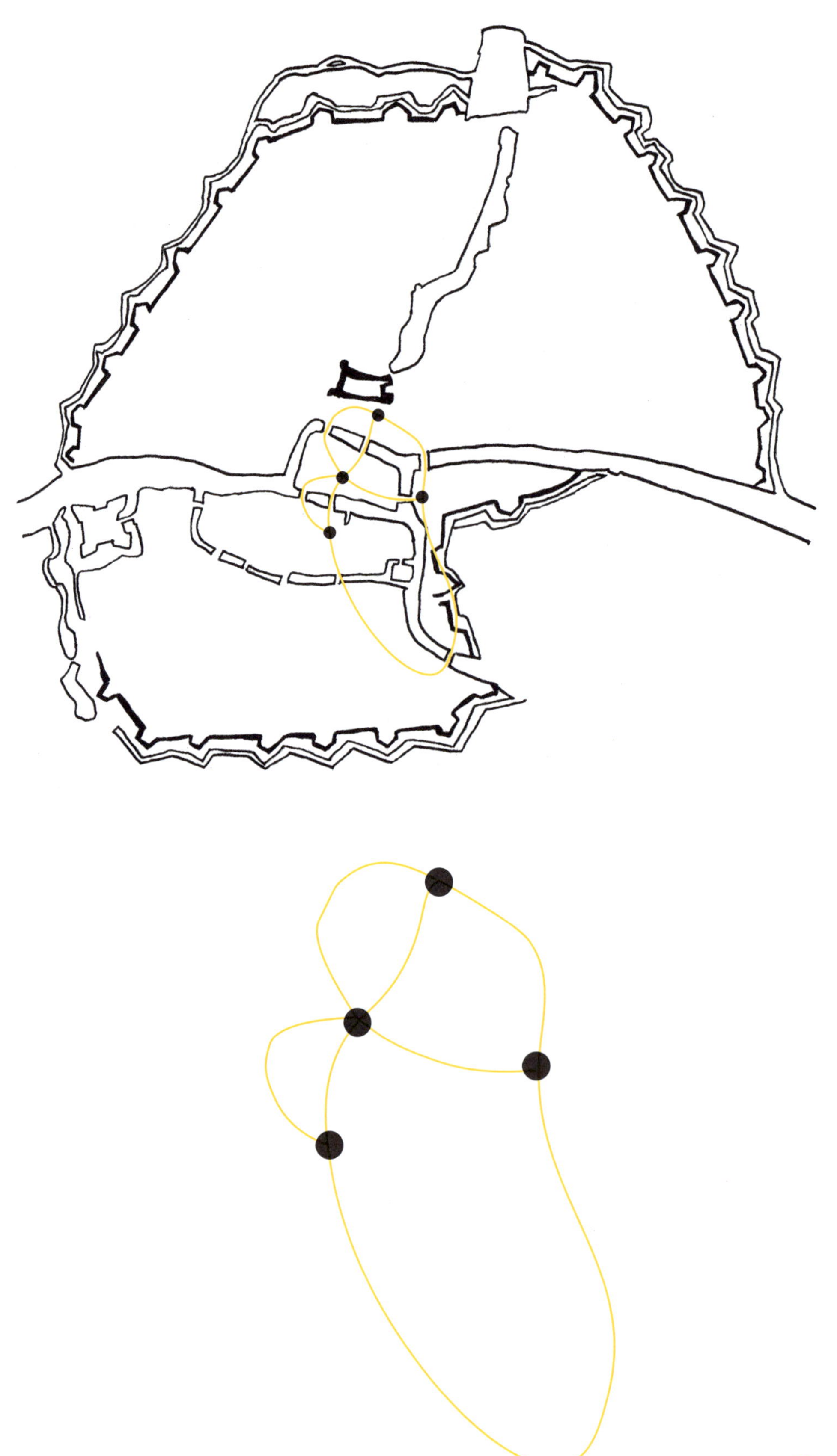

Das Königsberger Brückenproblem …

… ist eine mathematische Fragestellung, die sich auf die Stadt Königsberg und ihre sieben Brücken über den Fluss Pregel bezieht. Die Frage war, ob es einen Weg gibt, bei dem man alle sieben Brücken genau einmal überqueren und wieder zum Ausgangspunkt gelangen kann.

Leonhard Euler bewies im Jahr 1736, dass ein solcher »Eulerweg« in Königsberg nicht existiert. Hierfür stellte er die Stadt als Knotenpunkte mit Verbindungslinien dar. So konnte Euler nachweisen, dass ein Rundweg möglich ist, wenn die Anzahl der Knoten mit ungeradem Grad entweder zwei oder null ist, wobei der Grad eines Knotens durch die Anzahl der Kanten bestimmt wird, die an ihn angrenzen.

Dieses mathematische Rätsel kennen viele in ähnlicher Form aus ihrer Kindheit: Das »Haus vom Nikolaus« lässt sich in einem Zug mit genau acht Strecken zeichnen, ohne dass der Stift abgesetzt wird. Hier kann man einem »Eulerweg« folgen; bei den sieben Brücken in Königsberg funktioniert er nicht.

Das Königsberger Brückenproblem gilt als der Ursprung der Graphentheorie, heute ein wichtiger Bestandteil der Diskreten Mathematik.

Kant in der Schule

Immanuel Kant:

> *Der Mensch kann nur Mensch werden durch Erziehung. Er ist nichts, als was die Erziehung aus ihm macht.*[17]

An der Königsberger Universität war es üblich, dass Professoren für Philosophie abwechselnd über praktische Erziehung vortragen mussten. Kant hielt seine erste Vorlesung über Pädagogik im Wintersemester 1776/77. Der damalige Student und spätere Hochschullehrer Friedrich Theodor Rink (1770–1811) besuchte Kants Pädagogikvorlesungen und stellte nach eigenem Bekunden handschriftliche Notizen Kants zusammen, die er 1803 unter dem Titel *Immanuel Kant über Pädagogik* veröffentlichte. Die Authentizität dieser sogenannten Rink-Vorlesung bleibt bis heute umstritten. Unstrittig hingegen ist der hohe Wert, den Kant der Erziehung beimisst, weil sie den Menschen erst zum Menschen mache und es ihm ermögliche, seine Anlagen zu entfalten. Hierbei sei es notwendig, die rechte Balance zwischen Disziplin auf der einen und Freiheitsstreben auf der anderen Seite zu halten. Er begreift Erziehung als eine universelle Aufgabe:

> *Die Menschengattung soll die ganze Naturanlage der Menschheit, durch ihre eigne Bemühung, nach und nach von selbst herausbringen. Eine Generation erzieht die andere.*[18]

Soweit Kants Überlegungen zur Pädagogik. Wie aber blickte er auf seine eigene schulische Erziehung zurück?

Von 1732 bis 1740 besuchte Kant das pietistisch geprägte, mit strenger Hand geführte Collegium Fridericianum, wo er nur Latein sprechen durfte. Er empfand seine Schulzeit als eine Art »Jugendsklaverei«[19] und setzte sich später für Schulreformen ein:

> »*Viele Leute denken, ihre Jugendjahre seien die besten, und die angenehmsten ihres Lebens gewesen. Aber dem ist wohl nicht so. Es sind die beschwerlichsten Jahre, weil man da sehr unter der Zucht ist, selten einen eigentlichen Freund, und noch seltener Freyheit haben kann.*[20]

Auch wenn Kant im Nachhinein die Tragfähigkeit echter Schulfreundschaften eher skeptisch betrachtete, war er am Collegium Fridericianum mit Johann Cunde (1724–1759) und David Ruhnken (1723–1798) eng befreundet. Die drei jungen Männer strebten eine Gelehrtenlaufbahn an und schmiedeten literarische Pläne. Dabei gaben sie sich lateinische Namen: Cantius, Cundeus und Ruhnkenius.

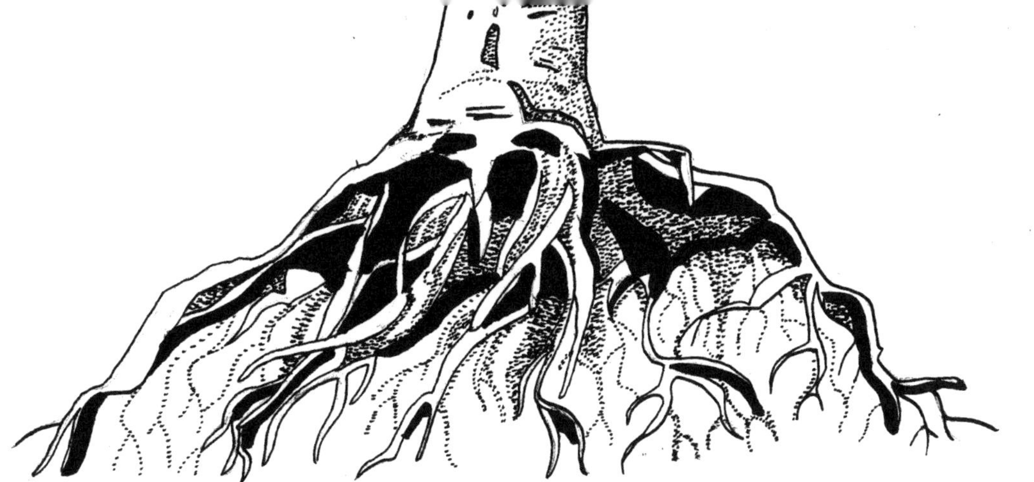

Vor den drei Kritiken – Wanderjahre und erste Schriften

Spielerischer Lebensunterhalt

Zu Beginn seines Studiums im Jahr 1740 hatte Immanuel Kant kein klares Berufsziel vor Augen. Er beschäftigte sich mit Naturwissenschaften, Philosophie, Mathematik, Theologie, Literatur und Sprachen. Um seinen Lebensunterhalt zu sichern, arbeitete Kant als Repetitor für jüngere oder weniger begabte Kommilitonen, erhielt dafür aber auf Freundschaftsbasis nur eine geringe Bezahlung, sodass er weitere Einkünfte benötigte.

Außerdem zeigte Kant ein außerordentliches Talent beim Billardspiel. Seine Überlegenheit führte dazu, dass bald niemand mehr mit ihm um Geld spielen wollte. Darum besserte er sein Einkommen durch das Kartenspiel l'Hombre auf. Auch dieses beherrschte Kant meisterlich.

L'Hombre

L'Hombre gehört zu den frühesten in Europa bekannten Kartenspielen für drei oder vier Personen. Trotz seiner schwierigen Regeln, komplizierten Punktzahl und seltsamen Fremdwörter war es im letzten Viertel des 17. Jahrhunderts äußerst populär. Es ist das erste Spiel, das das Prinzip des Reizens eingeführt hat. Ziel ist es, einen Vertrag zu erfüllen oder defensiv zu spielen, um zu gewinnen. Der Spieler, der den Vertrag gewinnt, heißt Hombre (spanisch für »Mann«) und spielt gegen die anderen Spieler. Die Karten haben eine besondere Rangfolge, je nachdem, ob es Trümpfe gibt oder nicht. Die drei höchsten Trümpfe sind immer die Spadille (Pik-Ass), die Manille (die niedrigste Karte der Trumpffarbe) und die Basta (Treff-Ass).

Verwendet wird ein Kartenspiel mit 40 Blatt, also ein Spiel mit 52 Karten, bei dem die 8er, 9er und 10er entfallen. Jeder Spieler erhält 9 Karten, wobei die 13 verbleibenden Karten den Vorrat bilden.

Die Rangfolge der Karten hängt von der Vertragsart ab. Nolo-Verträge haben keine Trümpfe. Rote und schwarze Karten werden unterschiedlich gewertet:
Schwarz: K, Q, J, 7, 6, 5, 4, 3, 2, A
Rot: K, Q, J, A, 2, 3, 4, 5, 6, 7

Spielkontrakte haben jedoch immer Trümpfe. Schwarze Asse sind immer Trumpf, unabhängig von der Farbe des Trumpfes. Das Pik-Ass heißt Spadille (S), und das Kreuz-Ass heißt Basta (B). Die Trumpffarbe wird wie folgt gewertet:
Schwarz: S, 2, B, K, Q, J, 7, 6, 5, 4, 3
Rot: S, 7, B, A, K, Q, J, 2, 3, 4, 5, 6

Spadille ist immer der höchste Trumpf und Basta der dritthöchste Trumpf. Die zweithöchste Trumpfkarte ist die Karte mit dem niedrigsten Wert der gewählten Trumpffarbe (zum Beispiel schwarze 2 oder rote 7). Diese Karte wird Manille (M) genannt. Die ersten drei Trümpfe werden unter dem Sammelbegriff Matadore geführt. Der vierthöchste Trumpf in einer roten Farbe ist ein Ass, er wird als Ponto (P) bezeichnet.

Deutsche Sprache

Während des gesamten 18. Jahrhunderts standen im Wissenschaftssystem die deutsche Sprache und Latein gleichberechtigt nebeneinander.[21] Doch nach und nach fand eine Aufwertung der deutschen Sprache als Unterrichts- und Literatursprache statt: Hielten sich um das Jahr 1700 die lateinischen und deutschen Bücherproduktionen etwa die Waage, so machten um 1780 die neu erscheinenden lateinischen Titel nur noch weniger als ein Fünftel des Gesamtvolumens aus.[22]

Der Frühaufklärer Johann Christoph Gottsched (1700–1766) trug durch seine Schriften und diversen Aktivitäten viel zu dieser Entwicklung bei. Und auch Kant gehörte zu denen, die überwiegend in deutscher Sprache publizierten. Seine erste Veröffentlichung trug den Titel *Gedanken von der wahren Schätzung der lebendigen Kräfte* (1746, gedruckt 1749). Mit dem zunehmenden Gebrauch der deutschen Sprache im 18. Jahrhundert entwickelte sich eine breitere Öffentlichkeit, die durch Zeitschriften, Theaterbesuche, Salonabende und ähnliche Formen des Austauschs zur Teilnahme an gesellschaftlichen Diskursen animiert wurde.

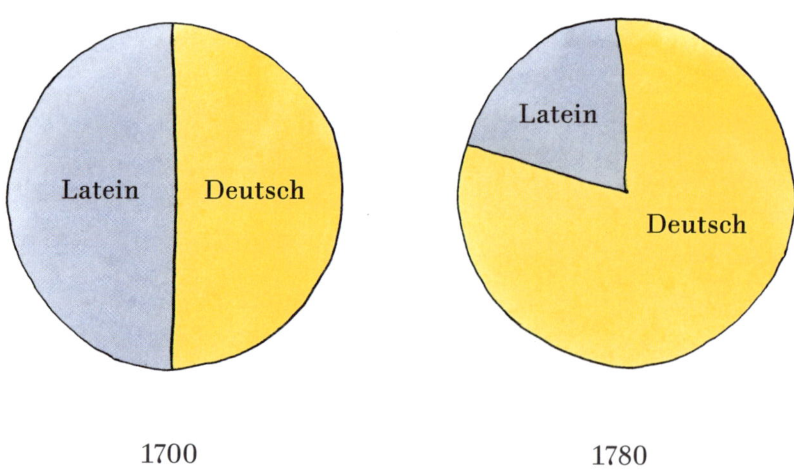

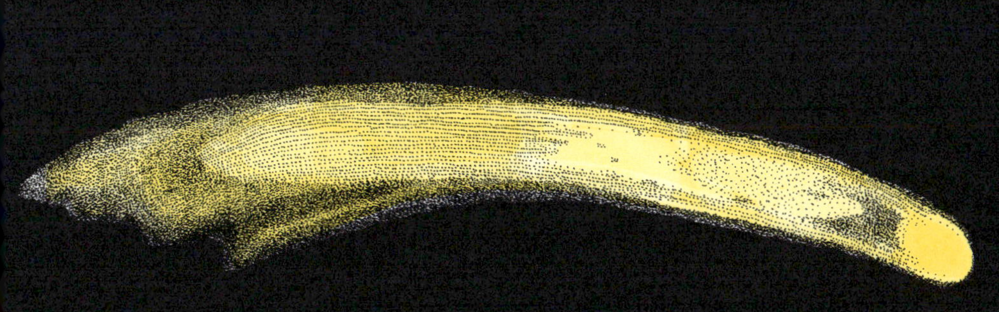

Zu den Bemühungen Kants, einen Streit unter Gelehrten zu schlichten, bemerkt Lessing süffisant:

»Kant unternimmt ein schwer Geschäfte
Der Welt zum Unterricht.
Er schätzet die lebend'gen Kräfte,
Nur seine schätzt er nicht«.[23]

In seiner 1746 entstandenen und 1749 gedruckten ersten Schrift *Gedanken von der wahren Schätzung der lebendigen Kräfte* schreibt Kant als Zweiundzwanzigjähriger:

» Ich habe mir die Bahn schon vorgezeichnet, die ich halten will. Ich werde meinen Lauf antreten, und nichts soll mich hindern, ihn fortzusetzen.[24]

Gotthold Ephraim Lessing

1

2

3

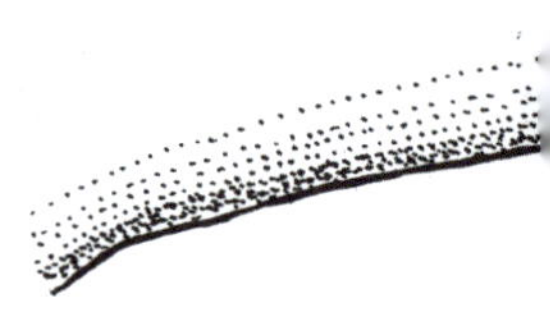

4

Aufenthaltsorte Kants außerhalb von Königsberg

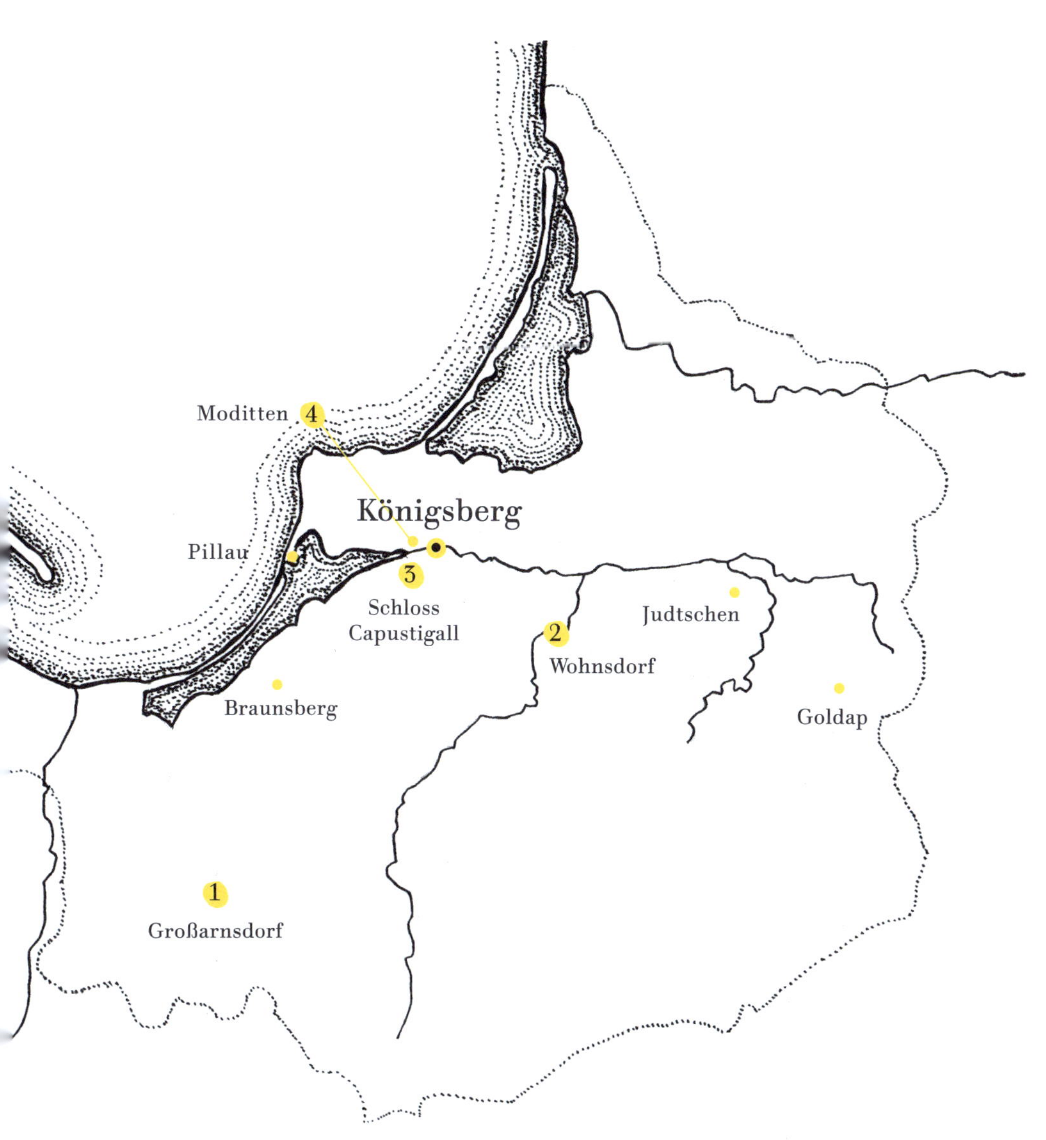

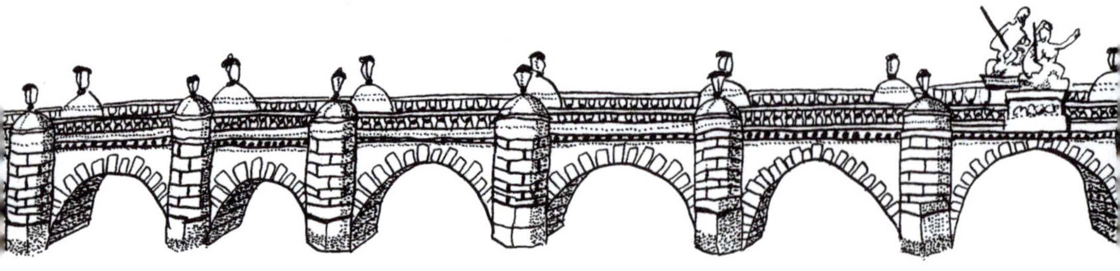

Sesselreisender

Die Menschen des 18. Jahrhunderts wurden von einer bis dahin nicht gekannten Reisewelle erfasst. Unter Einwirkung eines neuen aufklärerischen Bildungskonzeptes wird das Reisen nun nicht mehr als Privileg des Adels betrachtet, sondern als potenzielles Anliegen aller gesehen. Reisen solle der Bildung des Verstandes, der Moral, der Erkenntnis und der Toleranz dienen.

Es gab auch Reisen ohne zu reisen: Als der französische Schriftsteller Xavier de Maistre (1763–1852) 1794 seine *Reise um mein Zimmer* veröffentlichte, konnte er nicht ahnen, dass er einen neuen Reisetrend geschaffen hatte. Die Briten haben die Disziplin des »armchair travelling« (Sesselreisen) perfektioniert: Das Reisen ohne sich vom Fleck zu bewegen und doch einiges in Bewegung zu setzen wurde Kult.

Kants Lebensumständen kam diese Art zu reisen sehr entgegen, wie sein ehemaliger Student Reinhold Bernhard Jachmann (1767–1843), der seinen Lehrer in fiktiven Briefen porträtierte, schrieb: »Er schilderte z. B. eines Tages in Gegenwart eines geborenen Londners die Westminsterbrücke nach ihrer Gestalt und Einrichtung, nach Länge, Breite und Höhe und den Maasbestimmungen aller einzelnen Theile so genau, daß der Engländer ihn fragte, wie viel Jahre er doch in London gelebt und ob er sich besonders der Architektur gewidmet habe, [...] Eben so detaillirt soll er sich mit Brydone über Italien unterhalten haben, so daß dieser sich ebenfalls erkundigte, wie lange er sich in Italien aufgehalten hätte.«[25]

In seiner letzten, 1798 von ihm selbst herausgegebenen Schrift *Anthropologie in pragmatischer Hinsicht* schreibt Kant:

» Zu den Mitteln der Erweiterung der Anthropologie im Umfange gehört das Reisen, sei es auch nur das Lesen der Reisebeschreibungen.[26]

… und in der Natur

Karl Vorländer (1860–1928) lässt uns in seiner biografischen Schrift über Kant wissen: »Im allgemeinen zog er wohl dem erhabenen Anblick des wogenden Meeres den idyllischen von Wald, Wiese und kleineren Flußtälern vor. So erzählte er noch in seinen letzten Jahren seinem treuen Pfleger Wasianski ›mit fast poetischer Malerei, die er sonst in seinen Erzählungen vermied‹, gern von der Zeit, die er öfters auf Wohnsdorf, dem Rittergute der Familie von Schroetter, bei Friedland an der Alle zugebracht hatte; wie sie dann, er mit seinem Gastherrn und dem General von Lossow, an schönen Sommervormittagen in einer noch heute dort als Kantlaube gezeigten Gartenlaube an dem hohen Ufer des Flüßchens bei Kaffee und Tabak gesessen hätten. Man sieht: er war mit wenigem zufrieden. Er fühlte sich dort besonders wohl, weil er da ganz wie zu Hause, nach eigenem Gefallen leben konnte, und so war dies das einzige Haus in weiterer Entfernung von Königsberg, das er ›sehr oft‹ und ›auf mehrere Tage‹, anscheinend auch noch in seinen späteren Jahren, besuchte.«[27]

Reinhold Bernhard Jachmann

Exotisches

In der Renaissance entstanden Kuriositätenkabinette. Mit diesen wandte sich die Neuzeit sichtbar von der christlich-mittelalterlichen Diffamierung der Neugier (»curiositas«) als Laster ab. Die Lust an Entdeckungen blieb auch in der Aufklärung bestehen. Ein solch gewaltiges Tier wie das Nashorn Clara hatte in Europa sicherlich noch kaum jemand gesehen.

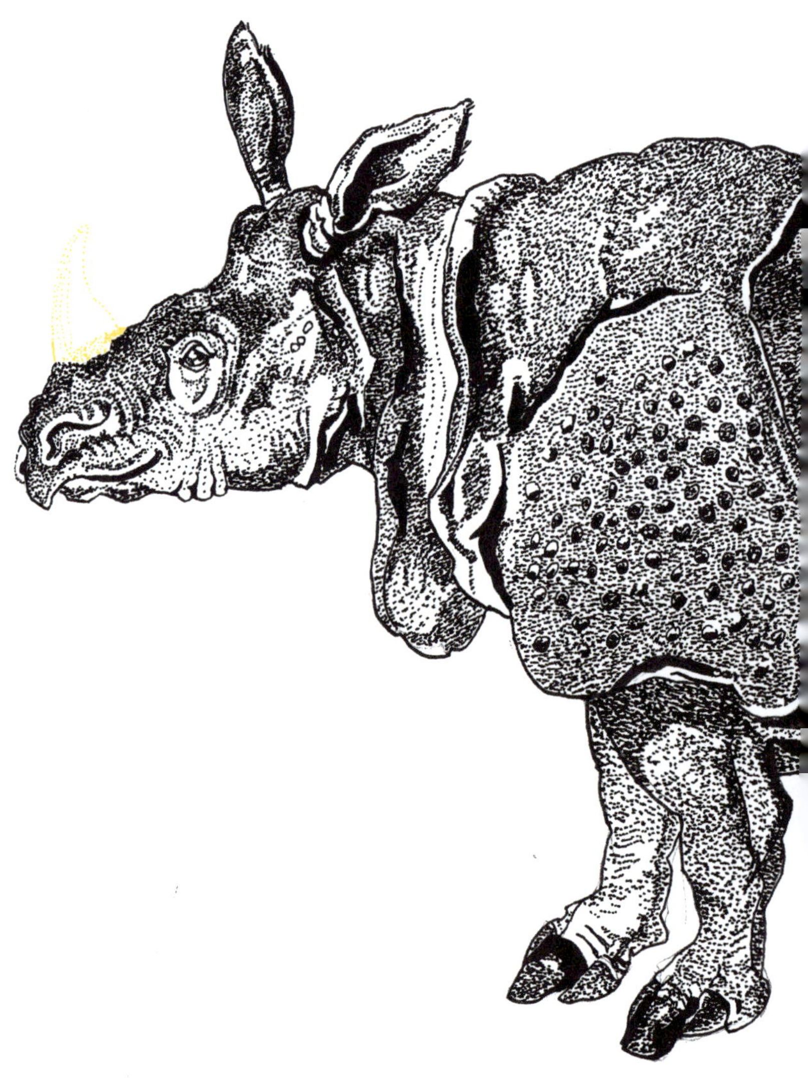

Clara, die 1738 in Bengalen geboren wurde und am 14. April 1758 in London starb, war ein zahmes weibliches Panzernashorn, das 1741 in Rotterdam den europäischen Boden betrat und dank einer 17-jährigen Ausstellungstour durch ganz Europa berühmt wurde. Auch in die *Encyclopédie* von Diderot und d'Alembert hat Clara Einzug gehalten.

Ihrem Besitzer Douwe Mout (1705 – nach 1758) brachte Clara durch die Eintrittspreise bei den Schaustellungen finanzielle Erfolge, bis sie 1750 in Rom ihr Horn und damit an Attraktivität verlor.

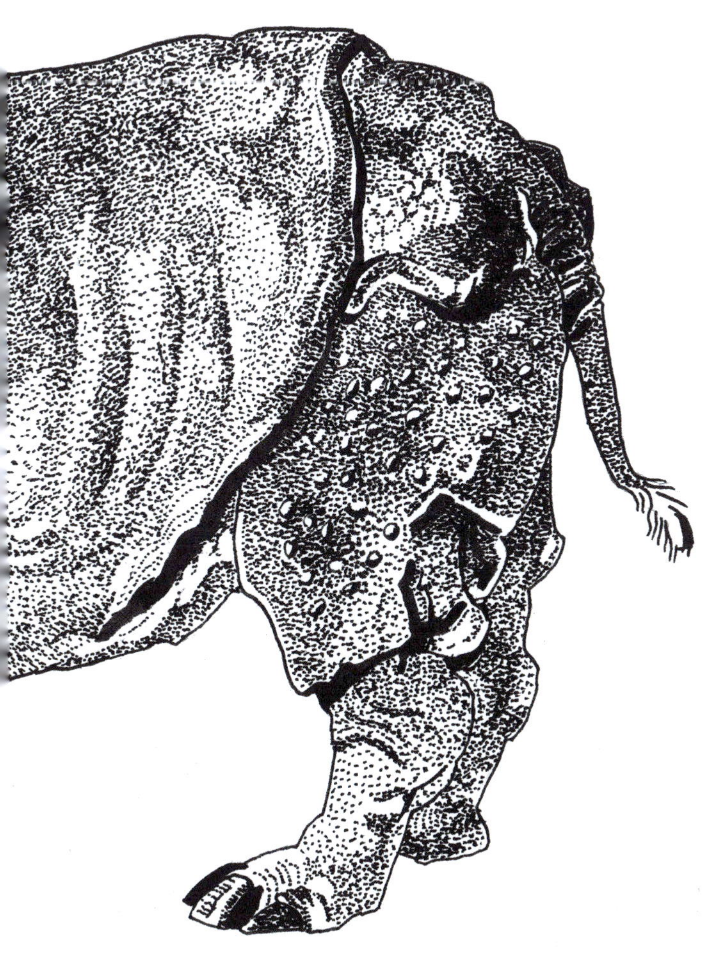

Kants Erscheinungsbild

Der ehemalige Student Kants und spätere Geistliche Ludwig Ernst Borowski (1740–1831) verweist in seiner Biografie über Kant auf dessen Sorgfalt bei der Kleiderwahl. Der Philosoph habe die Maxime befolgt, »daß man unter andern in der Wahl der Farben zu Kleid und Weste sich genau nach den Blumen richten müsse. Die Natur, sagte er, bringt nichts hervor, das dem Auge nicht wohl thut; die Farben, die sie an einander reihet, passen sich auch immer zusammen. So gehöre z. B. zu einem braunen Oberkleide eine gelbe Weste; dieses wiesen uns die Aurikeln.«[28]

blondhaarige
weiß gepuderte Perücke
strahlend blaue
Augen
Haarbeutel
schwarze Binde
gelb oder braun
melierte Weste
Rock, Weste
Beinkleid mit
Goldschnur
5 Fuß
1,57 m
Band von
Maria Charlotta
Jacobi gestickt
gleichfarbenes
Beinkleid
grauseidene
Strümpfe
silberne
Schnallen

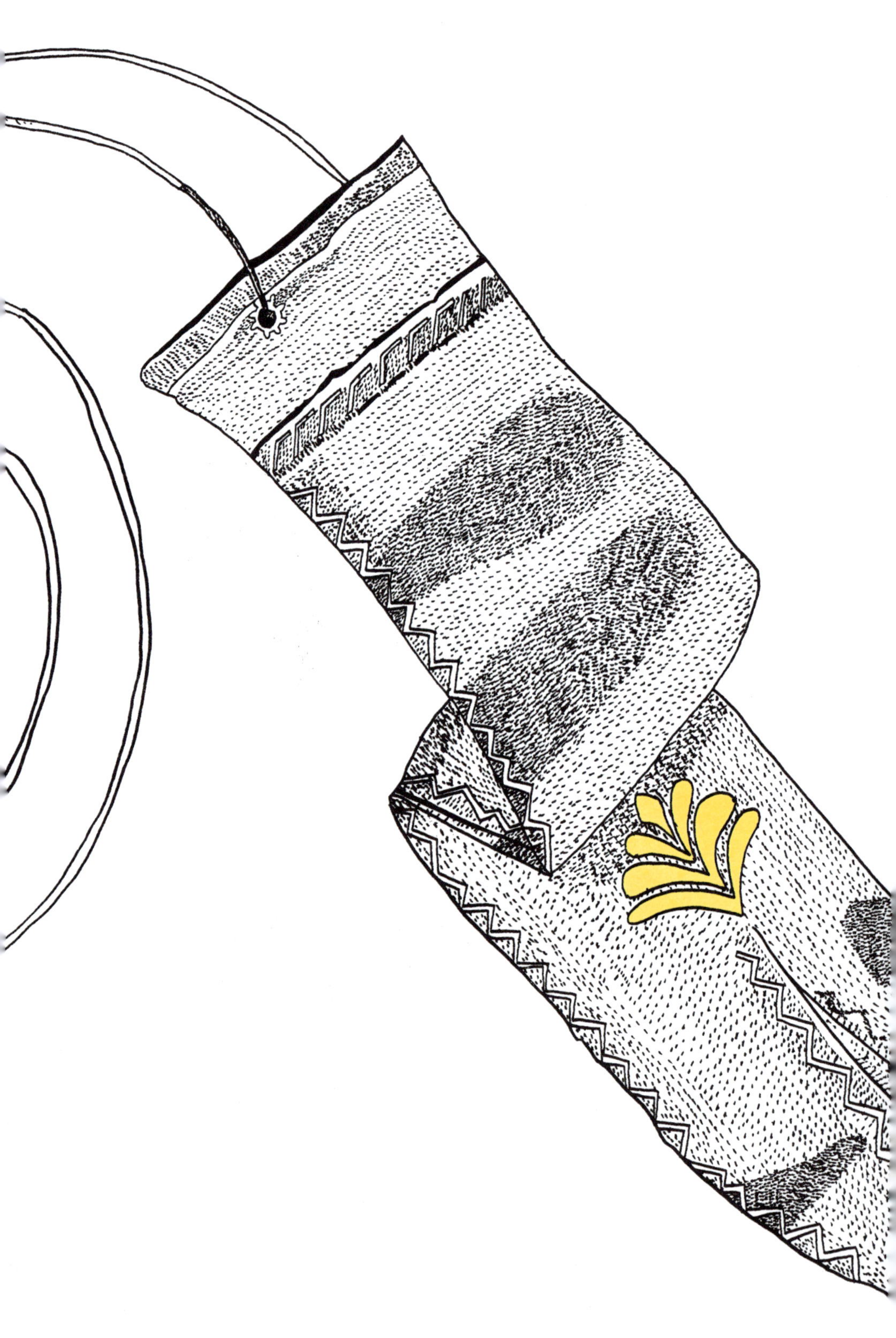

Auch der Theologe Ehregott Andreas Christoph Wasianski (1755–1831) vermittelt uns in seiner biografischen Schrift einiges über Kants Äußeres: »Im heißen Sommer ging er leicht gekleidet, stets in seidenen Strümpfen, die er nie aufband, sondern durch eine eigene künstliche Vorrichtung in gehöriger Lage zu erhalten suchte. In einer, einem Taschenuhrgehäuse ähnlichen, jedoch kleineren Kapsel war in einem Federhause, um welches sich eine Darmsaite, wie die Kette in der Uhr wand, eine Uhrfeder angebracht, deren ziehende Kraft durch ein Gesperr vermehrt oder vermindert werden konnte. An beyden Enden der doppelten Saite waren zwey Häkchen, die auf beyden Seiten jedes Strumpfes eingehakt wurden.«[29]

Aus Reinhold Jachmanns fiktiven Briefen geht hervor: »Ueberhaupt scherzte er öfters über seine körperlichen Schwächen. So gab er eines Tages den Grund an, weshalb er keine schwarze Strümpfe trage, weil in schwarzen Strümpfen die Waden dünner, als sie sind, erschienen und er eben keinen sträflichen Ueberfluß an Waden habe, um sie noch dünner erscheinen zu lassen. Er lachte auch herzlich darüber, daß sein alter Diener nie hinter seinem Stuhl bei Tische vorbeiging, ohne ihm mit der ernsthaftesten Miene von der Welt den Haarbeutel, der immer von dem höheren Schulterblatte auf das niedrigere herabgleitete, in der Mitte des Rückens zu legen, um diese Deformität nicht bemerkbar werden zu lassen.«[30]

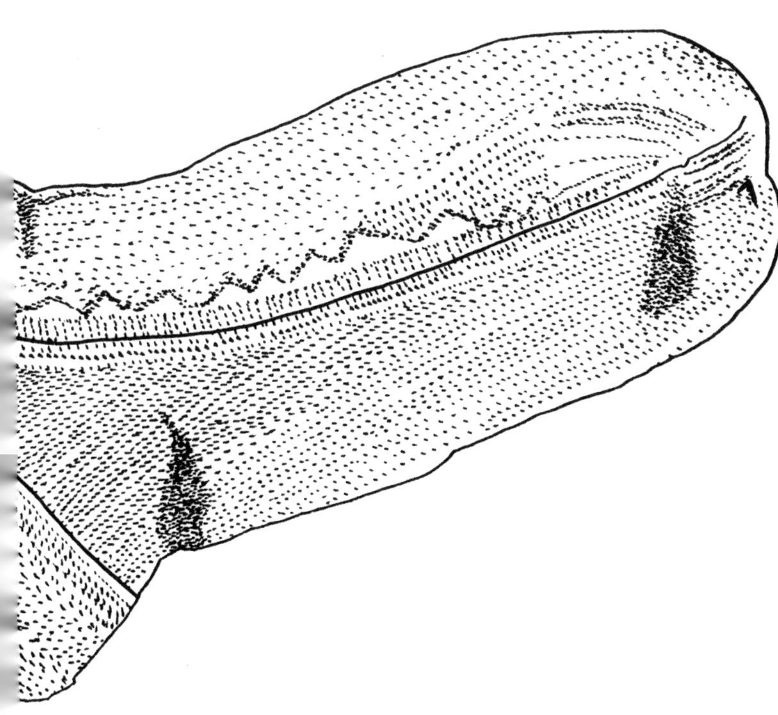

Adel

Kants Grundsatz in Modefragen lautete:
»[...] man muß lieber ein Narr in der Mode, als außer der Mode seyn«.[31]

Arbeiter, Bauern, Bedienstete

Bürgertum

Militär

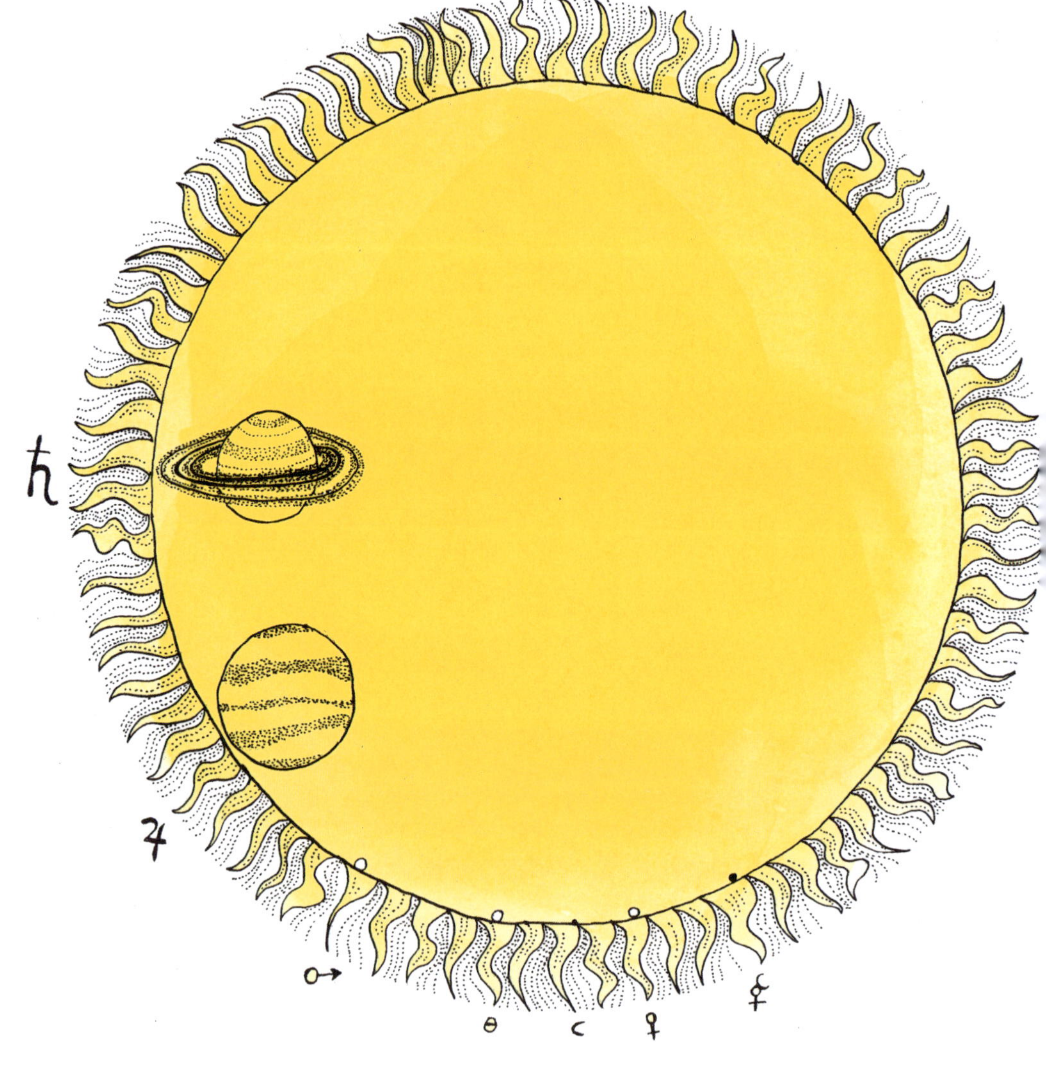

Kants frühe Naturphilosophie

In seinen Vorlesungen und Schriften tritt Kant als Naturforscher hervor. Er befasst sich mit Fragen der Kosmologie, der Naturgeschichte der Erde, der Geografie, Mathematik, Biologie und Chemie.[32]

In der Schrift *Allgemeine Naturgeschichte und Theorie des Himmels* aus dem Jahr 1755 argumentiert Kant gegen ein unmittelbares Eingreifen Gottes in die Geschicke der Welt. Seine These besagt, dass sich das Universum und unser Sonnensystem aus rotierenden, flachen Nebelwolken durch Kontraktion und Rotation bilden. Allein die von Isaac Newton (1643–1727) und Galileo Galilei (1564–1642) aufgestellten allgemeinen Naturgesetze genügen: Sie gelten universell und erklären die Struktur des Kosmos. Auf diese Weise versucht Kant ohne Zuhilfenahme einer göttlichen Ordnungskraft die Weltentstehung zu erklären:

> »*Gebet mir nur Materie, ich will euch eine Welt daraus bauen.*[33]

Damit geht er zwar noch über Newton hinaus, der Gott als unverzichtbaren Teil der Kosmogonie angenommen hatte, er bleibt aber im Rahmen der von Newton beschriebenen Naturgesetze:

> »*Ich habe, nachdem ich die Welt in das einfachste Chaos versetzt, keine andere Kräfte als Anziehungs- und Zurückstoßungskraft zur Entwicklung der großen Ordnung der Natur angewandt, zwei Kräfte, welche beide gleich gewiss, gleich einfach und gleich ursprünglich und allgemein sind. Beide sind aus der Newtonischen Weltweisheit entlehnet.*[34]

Was Kant sicher zu wissen meinte, sodass er alles darauf verwetten würde

Schon früh in der Menschheitsgeschichte machte man sich Gedanken darüber, ob es Leben auf anderen Planeten gäbe. Kant hielt dies für recht wahrscheinlich und gab seiner Annahme 1755 in seiner *Allgemeinen Naturgeschichte und Theorie des Himmels* eine humoristische Note.

Diese Sicht auf die Weite des Kosmos und auf die Möglichkeit eines außerirdischen Lebens behielt Kant auch über seine sogenannte vorkritische Philosophie hinaus bei. In der *Kritik der reinen Vernunft* aus dem Jahr 1781 ist zu lesen:

> » *Wenn es möglich wäre, durch irgendeine Erfahrung auszumachen, so möchte ich wohl alles das Meinige darauf verwetten, daß es wenigstens in irgendeinem von den Planeten, die wir sehen, Einwohner gebe. Daher sage ich, ist es nicht bloß Meinung, sondern ein starker Glaube (auf dessen Richtigkeit ich schon viele Vorteile des Lebens wagen würde), daß es auch Bewohner anderer Welten gebe.*[36]

iejenigen Kreaturen, [...] welche die
älder auf dem Kopfe eines Bettlers
wohnen, hatten schon lange ihren
fenthalt vor eine unermessliche
gel, und sich selber als das Meister-

stück der Schöpfung angesehen, als
einer unter ihnen, den der Himmel
mit einer feinern Seele begabt hatte,
ein kleiner Fontenelle seines Geschlechts, den Kopf eines Edelmanns

vermutet gewahr ward. Alsbald
f er alle witzige Köpfe seines Quar-
rs zusammen, und sagte ihnen
t Entzückung: wir sind nicht die

einzigen belebten Wesen der ganzen
Natur; sehet hier ein neues Land, hie
wohnen mehr Läuse.«[35]

Akademische Laufbahn

Der umtriebige Magister

Im Jahr 1755 wird Kant mit der lateinisch verfassten Schrift *De igne* (*Über das Feuer*) zum Magister promoviert. Im September desselben Jahres folgte seine zweite Hochschulschrift mit dem Titel *Nova dilucidatio* (Neue Erhellung der ersten Grundsätze metaphysischer Erkenntnis), die sich mit den grundlegenden Prinzipien der menschlichen Erkenntnis befasste. Auch diese Schrift verteidigte er erfolgreich und erhielt damit die Berechtigung zur Lehre (Venia Legendi).

Zu dieser Zeit war Kant in Königsberg keine unbekannte Größe mehr und das nicht nur in akademischen Kreisen. Er führte ein reges gesellschaftliches Leben: Als wissenschaftlicher Publizist war er ein häufiger Gast des Grafen Heinrich Christian von Keyserlingk (1727–1787) auf Schloss Waldburg-Capustigall, welches sich etwa zwei Meilen von Königsberg entfernt befand. Besonders eng war seine Freundschaft mit der philosophisch interessierten Gräfin Caroline Charlotte (1727–1791). Von ihr stammt die erste Porträtzeichnung Kants.

Der galante Magister war also keineswegs ein verschrobener Stubenhocker, der einen zurückgezogenen Lebensstil pflegte. Er bewegte sich in der Königsberger High Society und nahm an Tischgesellschaften sowie literarischen Zirkeln teil.

Der junge Immanuel Kant

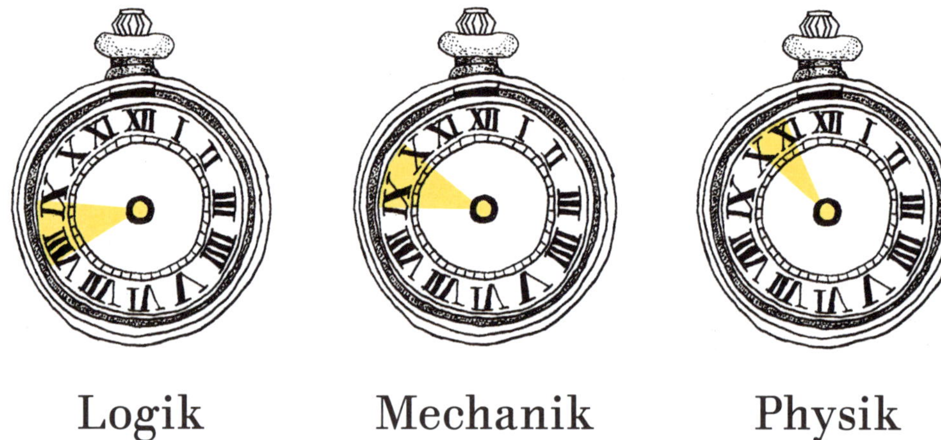

Sechs auf einen Streich

Im Wintersemester 1755/56 begann Kant seine akademische Laufbahn als Privatdozent. Seine Lehrfächer umfassten Logik, Metaphysik, Moralphilosophie, Natürliche Theologie, Mathematik, Physik, Mechanik, Geografie, Anthropologie, Pädagogik und Naturrecht. Für das Sommersemester 1761 kündigte Kant gleich sechs Kollegia auf einmal an.

Johann Gottfried Herder (1744–1803), der 1762–64 in Königsberg Kants Vorlesungen besucht hatte, schrieb später in seinem 1793–97 erschienenen Werk *Briefe zur Beförderung der Humanität* über ihn: »Ich habe das Glück genossen, einen Philosophen zu kennen, der mein Lehrer war. Er in seinen blühendsten Jahren hatte die fröhliche Munterkeit eines Jünglinges, die, wie ich glaube, ihn auch in sein greisestes Alter begleitet. Seine offne, zum Denken gebauete Stirn war ein Sitz unzerstörbarer Heiterkeit und Freude; die Gedankenreichste Rede floß von seinen Lippen; Scherz und Witz und Laune standen ihm zu Gebot, und sein lehrender Vortrag war der unterhaltendste Umgang. Mit eben dem Geist, mit dem er Leibnitz, Wolf, Baumgarten, Crusius, Hume prüfte und die Naturgesetze Keplers, Newtons, der Physiker verfolgte,

nahm er auch die damals erscheinenden Schriften Roußeau's, seinen ›Emil‹ und seine ›Heloise‹, sowie jede ihm bekannt gewordene Natur-Entdeckung auf, würdigte sie und kam immer zurück auf unbefangene Kenntnis der Natur und auf moralischen Werth des Menschen. Menschen-, Völker-, Naturgeschichte, Naturlehre, Mathematik und Erfahrung waren die Quellen, aus denen er seinen Vortrag und Umgang belebte; nichts Wissenswürdiges war ihm gleichgültig; keine Kabale, keine Sekte, kein Vortheil, kein Namen-Ehrgeiz hatte je für ihn den mindesten Reiz gegen die Erweiterung und Aufhellung der Wahrheit. Er munterte auf, und zwang angenehm zum Selbstdenken; Despotismus war seinem Gemüth fremde. Dieser Mann, den ich mit größester Dankbarkeit und Hochachtung nenne, ist Immanuel Kant; sein Bild steht angenehm vor mir.«[37]

Johann Gottfried Herder

Von Erdbeben und Kriegen

Lissabon, die Hauptstadt von Portugal, zählte Mitte des 18. Jahrhunderts mit einer Bevölkerung von über 200 000 Einwohnern zu den größten Metropolen und umtriebigsten Handelsplätzen Europas. Die Seefahrt hatte Portugal im Zeitalter der Entdeckungen Kolonien und ein dichtes Netz von Handelsniederlassungen verschafft. Reiche Goldvorkommen, die Ende des 17. Jahrhunderts in Brasilien entdeckt wurden, sowie der Zugriff auf Naturressourcen wie Baumwolle und Rohzucker aus den Überseebesitzungen machten Lissabon zum florierenden Umschlagplatz von Waren und Ideen.

Am 1. November 1755 verwüsteten ein verheerendes Erdbeben und die darauffolgende Flutwelle sowie Brände große Teile der Stadt. Johann Christoph Gottsched nahm ein in der *Leipziger Zeitung* am 6. Dezember 1755 erschienenes Gedicht in seine Publikationsreihe *Das Neuste aus der anmuthigen Gelehrsamkeit* auf, das wie folgt beginnt:

»Das prächtige Lissabon hieß lange schön und groß;
doch eine halbe Viertelstunde
verwüstet solches bis zum Grunde.«[38]

Nach heutiger Schätzung hatte das Beben eine Stärke von 7–9 auf der nach oben offenen Richterskala.[39] Zwei Drittel der Stadt wurden in Schutt und Asche gelegt, und es kamen schätzungsweise bis zu 100 000 Menschen ums Leben. Die Nachricht von dieser gewaltigen Naturkatastrophe wurde zu einem weltweiten Medienereignis. Das Beben erschütterte nicht nur eine irdische Region, sondern auch die kulturellen, wissenschaftlichen und geistigen Grundfesten der damaligen Welt.

Anders als viele seiner Zeitgenossen, die für die Katastrophe moraltheologische oder moralphilosophische Gründe heranzogen, suchte der Wissenschaftler Immanuel Kant nach den natürlichen Ursachen des Unglücks und schrieb in seiner 1756 erschienenen *Geschichte und Naturbeschreibung der merkwürdigsten Vorfälle des Erdbebens, welches an dem Ende des 1755sten Jahres einen großen Theil der Erde erschüttert hat:*

» *Der Anblick so vieler Elenden, als die letztere Katastrophe unter unsern Mitbürgern gemacht hat, soll die Menschenliebe rege machen und uns einen Theil des Unglücks empfinden lassen, welches sie mit solcher Härte betroffen hat. Man verstößt aber gar sehr dawider, wenn man dergleichen Schicksale jederzeit als verhängte Strafgerichte ansieht, die die verheerte Städte um ihrer Übelthaten willen betreffen, und wenn wir diese Unglückselige als das Ziel der Rache Gottes betrachten, über die seine Gerechtigkeit alle ihre Zornschalen ausgießt. [...] Der Mensch ist nicht geboren, um auf dieser Schaubühne der Eitelkeit ewige Hütten zu erbauen.*[40]

Da menschliche Wesen bereits durch die Natur gefährdet sind, ist es für Kant umso wichtiger, das Leid, welches Menschen sich untereinander zufügen, möglichst gering zu halten. So endet Kant seine Schrift zum Erdbeben von Lissabon mit einem Appell an den preußischen König Friedrich II., keinen Krieg zu beginnen:

» *Ein Fürst, der, durch ein edles Herz getrieben, sich diese Drangsale des menschlichen Geschlechts bewegen läßt, das Elend des Krieges von denen abzuwenden, welchen von allen Seiten überdem schwere Unglücksfälle drohen, ist ein wohlthätiges Werkzeug in der gütigen Hand Gottes und ein Geschenk, das er den Völkern der Erde macht, dessen Werth sie niemals nach seiner Größe schätzen können.*[41]

Der 1756 veröffentlichte Friedensappell Kants verhallte wirkungslos. Noch im selben Jahr brach der Siebenjährige Krieg (1756–63) aus. Es war der erste Waffenkonflikt globalen Ausmaßes, der Kriegsschauplätze und Konfliktherde in Europa, Amerika, Afrika und Asien verband. Preußen und Österreich trugen ihre Rivalität in dem zermürbenden Konflikt um Schlesien aus, während Großbritannien und Frankreich um die Vorherrschaft in Europa und auf den Weltmeeren rangen.

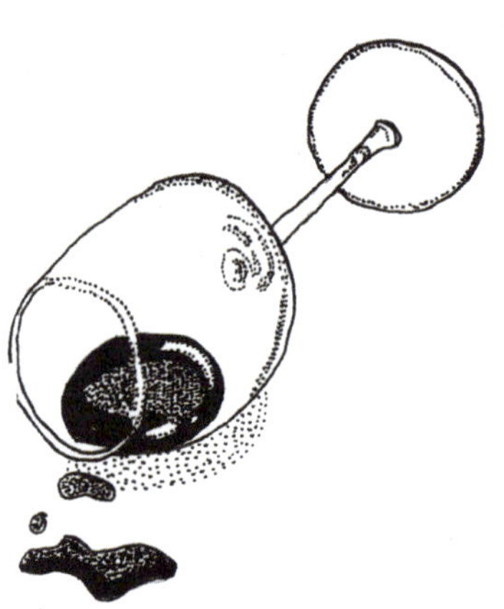

»Als er einmal bei einem hohen Offizier zu Gaste war, sah er, wie ein junger Leutnant etwas Rotwein vergoß und darüber seinem

Vorgesetzten gegenüber sehr verlegen wurde. Kant, der sich mit letzterem über militärische Dinge unterhielt, goß daher eine

gehörige Quantität Rotwein auf das weiße Tischtuch und zeichnete mit

roten Strichen die Bewegungen der feindlichen Truppen usw. auf, nur um dem jungen Untergebenen über seine Verlegenheit fortzuhelfen.«[42]

Gegen Schwärmerei und Hirngespinste –

Ziegenprophet …

1764 hielt sich in der Nähe von Königsberg Jan Pawlikowicz Komarnicki auf. Gekleidet in Tierfelle, wurde er begleitet von seinem achtjährigen Sohn sowie einer Herde von Kühen, Schafen und insbesondere Ziegen, weshalb er als der »Ziegenprophet« bezeichnet wurde. Bibellektüre und religiöse Schwärmerei lockten zahlreiche Königsberger an, »darunter auch eine Gruppe von neugierigen Philosophen [...] die sich zu einer ›philosophischen Karawane‹ zusammengeschlossen hatten«,[43] wie uns der Kant-Biograf Karl Vorländer wissen lässt.

Unter dieser »philosophischen Karawane« befand sich auch Kant, der sich allerdings weniger für den Ziegenpropheten selbst als vielmehr für dessen Sohn interessierte. Er sah in ihm eine Art rousseausches Naturkind, welches noch nicht von der Zivilisation verbildet war. Und noch interessanter waren für Kant die vielen Schaulustigen und das, was sie in die Figur des Ziegenpropheten und seines Sohnes hineininterpretierten. Zu dieser Zeit entstand der Aufsatz *Versuch über die Krankheiten des Kopfes* (1764), in dem Kant darlegt, dass neben ärztlicher Hilfe auch die Philosophie mit einer »Diät des Gemüts« nützlich sein könnte.[44]

... Geisterseher

Viel Beachtung fand der zu Kants Zeiten berühmte schwedische »Geisterseher« Emanuel Swedenborg (1688–1772). Nach einigen mechanischen Erfindungen und wissenschaftlichen Veröffentlichungen zweifelte Swedenborg zunehmend daran, dass naturwissenschaftliche Erklärungsmuster ausreichten, um grundlegende Fragen zu beantworten, darunter die nach dem Zusammenhang von Leib und Seele. 1744 hatte Swedenborg seine erste große Christusvision. Er studierte die Bibel und berief sich in seiner Lehre auf Visionen und auf Gespräche mit Geistern und Engeln. Auf der Grundlage seiner erneuerten biblischen Lehre bildete sich die christliche Glaubensgemeinschaft der Neuen Kirche, die bis heute existiert.

In seiner Schrift *Träume eines Geistersehers* von 1766 polemisierte Kant gegen Swedenborg und dessen mystische Erfahrungen, die er nur für metaphysische Träumereien hielt. Swedenborg habe die Grenzen der Erkenntnisfähigkeit weit überschritten. Metaphysik müsse zur »Wissenschaft von den Grenzen der menschlichen Vernunft« werden.[45]

Mit dieser Position greift Kant bereits auf die zentralen Überlegungen seiner 15 Jahre später veröffentlichten *Kritik der reinen Vernunft* vor. In seinem Aufsatz *Was heißt: Sich im Denken orientieren?* aus dem Jahr 1786 warnt Kant auch nach seinem erkenntnistheoretischen Hauptwerk weiterhin vor der Gefahr der »Entthronung der Vernunft« durch »Schwärmerei«:

> » *Man kann vor allem Irrtum gesichert bleiben, wenn man sich da nicht unterfängt zu urteilen, wo man nicht so viel weiß, als zu einem bestimmenden Urteile erforderlich ist. Also ist Unwissenheit an sich die Ursache zwar der Schranken, aber nicht der Irrtümer in unserer Erkenntnis.*[46]

Joseph Green und die Pünktlichkeit

Auf die Frage, wann sich der Kaufmann Joseph Green (1727–1786) und Kant kennenlernten, findet sich in Reinhold Jachmanns fiktivem »8. Brief« die Antwort, dass es »zur Zeit des Englisch-Nordamerikanischen Krieges« gewesen sein soll. Nach einem Spaziergang im »Dänhofschen Garten« habe Kant sich dort in eine Unterhaltung zwischen ihm teilweise unbekannten Personen eingemischt: »Bald fiel ihr Gespräch auf die merkwürdige Zeitgeschichte. Kant nahm sich der Amerikaner an, verfocht mit Wärme ihre gerechte Sache und ließ sich mit einiger Bitterkeit über das Benehmen der Engländer aus. Auf einmal springt ganz voll Wuth ein Mann aus der Gesellschaft auf, tritt vor Kant hin, sagt, daß er ein Engländer sey, erklärt seine ganze Nation und sich selbst durch seine Aeußerungen für beleidigt und verlangt in der größten Hitze eine Genugthuung durch einen blutigen Zweikampf.«[47] Es gelang Kant jedoch, durch eine glänzende Darlegung seiner politischen Grundsätze und Meinungen den aufgebrachten Zeitgenossen zu beruhigen und seine Freundschaft zu gewinnen.

Jachmann beschreibt eine weitere Eigenart des Engländers, der nicht nur ein vertrauter Freund Kants war, sondern auch philosophischer Diskussionspartner und Berater in Geldangelegenheiten: »Green war seinem Charakter nach ein seltener Mann, ausgezeichnet durch strenge Rechtschaffenheit und durch wirklichen Edelmuth; aber voll von den sonderbarsten Eigenheiten; ein wahrer whimsical Man, dessen Lebenstage nach einer unabänderlichen, launhaften Regel dahin flossen. Hippel hat seinen Mann nach der Uhr nach Green gezeichnet, woraus Sie ihn mehr kennen lernen können. Ich will nur noch einen Zug hinzufügen. Kant hatte eines Abends dem Green versprochen, ihn am folgenden Morgen um acht Uhr auf einer Spatzierfahrt zu begleiten. Green, der bei solcher Gelegenheit um drei Viertel schon mit der Uhr in der Hand in der Stube herumging, mit der funfzigsten Minute seinen Hut aufsetzte, in der fünf und funfzigsten seinen Stock nahm und mit dem ersten Glockenschlage den Wagen öfnete, fuhr fort und sah unterwegs den Kant, der sich etwa zwei Minuten verspätet hatte, ihm entgegen kommen, hielt aber nicht an, weil dies gegen seine Abrede und gegen seine Regel war.«[48]

»Kant ging jeden Nachmittag hin, fand Green in einem Lehnstuhle schlafen, setzte sich neben ihm, hing seinen Gedanken

nach und schlief auch ein; dann kam gewöhnlich Bancodirector Ruffmann und that ein Gleiches, bis endlich Motherby zu

einer bestimmten Zeit ins Zimmer trat und die Gesellschaft weckte, die sich dann bis sieben Uhr mit den interessantesten Gesprächen unterhielt. Diese Gesellschaft ging so pünktlich um sieben Uhr aus einander,

daß ich öfters die Bewohner der Straße sagen hörte: es könne noch nicht sieben seyn, weil der Professor Kant noch nicht vorbeigegangen wäre.«[49]

Die Uhrenanekdote im Nachleben

Auch der Dichter Heinrich Heine (1797–1856) hat sich mit Kant auseinandergesetzt und schreibt in seiner Abhandlung *Zur Geschichte der Religion und Philosophie in Deutschland,* die 1833/34 entstand: »Die Lebensgeschichte des Immanuel Kant ist schwer zu beschreiben. Denn er hatte weder Leben noch Geschichte. Er lebte ein mechanisch geordnetes, fast abstraktes Hagestolzenleben in einem stillen, abgelegenen Gäßchen zu Königsberg, einer alten Stadt an der nordöstlichen Grenze Deutschlands. Ich glaube nicht, daß die große Uhr der dortigen Kathedrale leidenschaftsloser und regelmäßiger ihr äußeres Tagewerk vollbrachte wie ihr Landsmann Immanuel Kant. Aufstehn, Kaffeetrinken, Schreiben, Collegienlesen, Essen, Spazierengehn, Alles hatte seine bestimmte Zeit, und die Nachbaren wußten ganz genau, daß die Glocke halb vier sey, wenn Immanuel Kant in seinem grauen Leibrock, das spanische Röhrchen in der Hand, aus seiner Hausthüre trat und nach der kleinen Lindenallee wandelte, die man seinetwegen noch jetzt den Philosophengang nennt. Achtmal spazierte er dort auf und ab, in jeder Jahrzeit, und wenn das Wetter trübe war oder die grauen Wolken einen Regen verkündigten, sah man seinen Diener, den alten Lampe, ängstlich besorgt hinter ihm drein wandeln, mit einem langen Regenschirm unter dem Arm, wie ein Bild der Vorsehung.«[50]

Heinrich Heine

Kants Suche nach einer ruhigen Wohnstatt

Ein ruhiges Umfeld war wichtig für Kant, um ungestört arbeiten zu können. Borowski schreibt in seiner Kant-Biografie: »Ich habe ihn in sechs Wohnungen gekannt und gesprochen. Hier war – Ruhe im Hause und umher – der Grundsatz, von dem er bei der Wahl ausging. Da er Magister ward, hatte er auf der sogenannten Neustadt einige Zimmer inne; eine Zeitlang nachher, wohnte er in der Magistergasse nach dem Pregel hin, wo freilich das Geräusch, das von den Schiffen und den polnischen Fahrzeugen herkam, ihm gar nicht recht war [...]. Eine Zeitlang wohnte er bei dem Director Kanter, aus dessen Hause ihm aber ein Nachbar vertrieb, der auf dem Hofe einen Hahn hielt, dessen Krähen unser K. im Gange seiner Meditationen zu oft unterbrach. Für jeden Preiß wollt' er dieses laute Thier ihm abkaufen und sich dadurch Ruhe schaffen, aber es gelang ihm bei dem Eigensinn des Nachbars nicht, dem es gar nicht begreiflich war, wie ein Hahn einen Weisen stören könnte. K. wich also aus. Er bezog dann eine Wohnung auf dem Ochsenmarkte; wieder eine andre nahe dem Holzthore.«[51]

Einblick in Kants Hausrat
Bürste
Bücher
Teller
Messer und Gabel
Schriften
Schüssel
Papier
Pantoffel
Weinglas
Nachthemd
Zucker

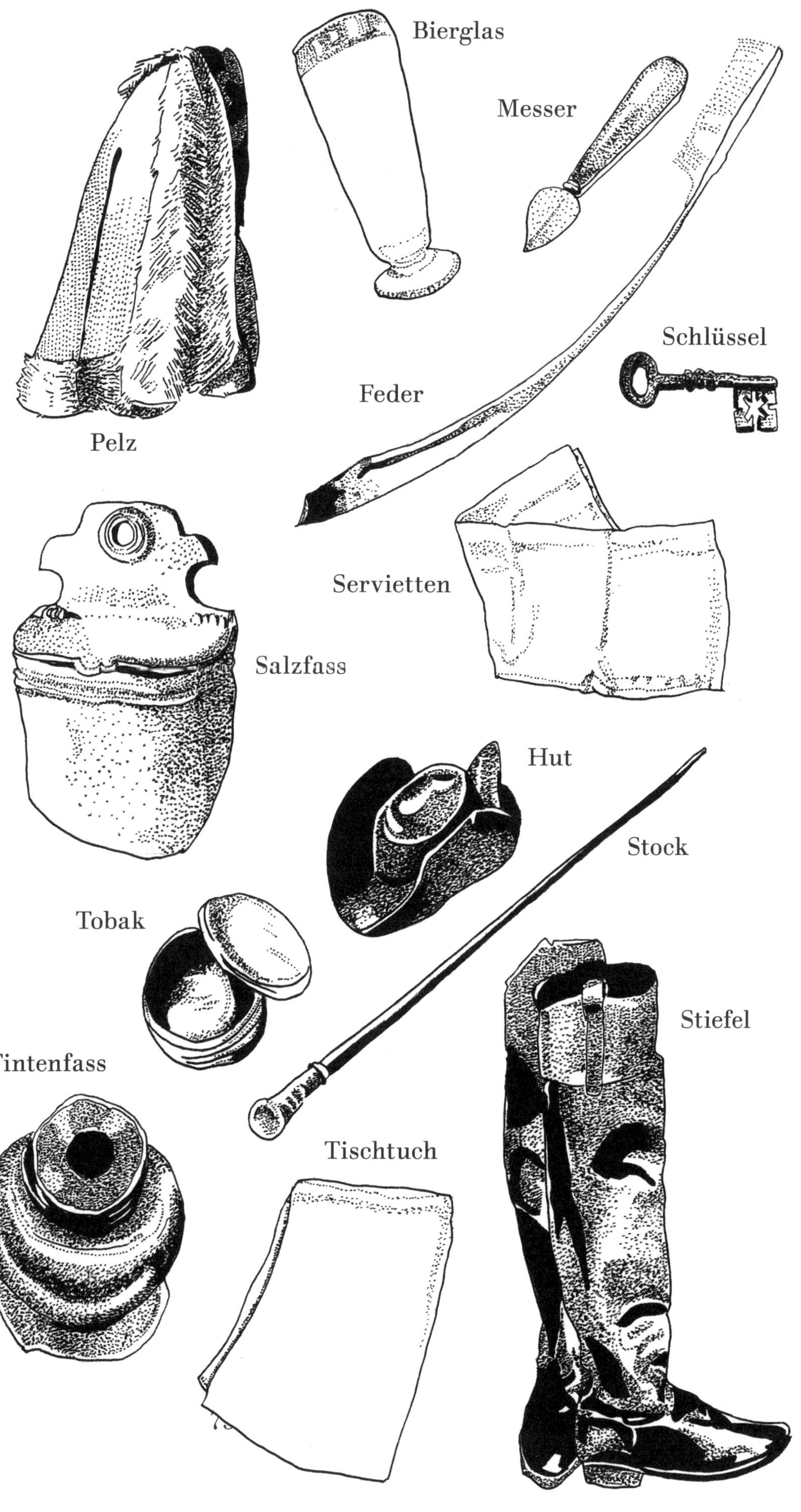
Bierglas
Messer
Schlüssel
Feder
Pelz
Servietten
Salzfass
Hut
Stock
Tobak
Stiefel
Tintenfass
Tischtuch

Kants Einkünfte

Zu Kants Zeiten waren – mit abnehmendem Geldwert – Taler, Gulden und Groschen im Umlauf, wobei der Taler die Hauptmünze war. Mit seinem Bekanntheitsgrad und Ansehen wuchsen auch Kants Einnahmen, sodass Reinhold Jachmann über ihn berichten konnte: »Mit ruhigem und freudigem Herzen konnte ich immer:

500 Gulden, 5 Klafter Brennholz und 100 Taler Reisekosten

200 Taler

236 Taler
75 Groschen

Erlangen

Jena

Königsberg

herein! rufen, wenn Jemand an meine Thüre klopfte, pflegte der vortrefliche Mann oft zu erzählen, denn ich war gewiß, daß kein Gläubiger draußen stand.«[52]

Aus Erlangen, Jena, Mitau (lettisch Jelgava) und Halle erhielt Kant im Laufe der Jahre Lehrangebote, die er ausnahmslos ablehnte. Er zog es vor, in Königsberg zu bleiben, obwohl er in Mitau und Halle ein viel höheres Gehalt bekommen hätte, wie man hier der vergleichenden Gegenüberstellung der Jahreseinkommen von Professoren entnehmen kann. Im Jahr 1770 wurde an der Königsberger Universität eine Professur frei, sodass der 46-jährige Immanuel Kant, der sich Gedanken um seine Alterssicherung machte, ein offizielles Gesuch an König Friedrich II. schickte, worin er unter anderem schrieb:

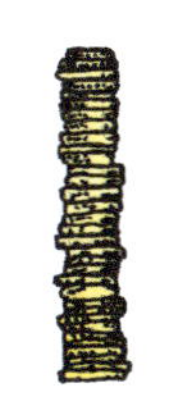

400 Taler

800 Taler

Mitau

Halle

» *Meine Jahre, und die Seltenheit der Vorfälle, die eine Versorgung auf der Akademie möglich machen, wenn man die Gewissenhaftigkeit hinzusetzt, sich nur zu denen Stellen zu melden, die man mit Ehre bekleiden kann, würden, im Falle daß mein untertänigstes Gesuch den Zweck verfehlete, in mir alle fernere Hoffnung zu künftigem Unterhalte in meinem Vaterlande vertilgen und aufheben müssen.*[53]

Der Unterbibliothekar – Löhne und Preise

1766 erhielt Kant seine erste feste Anstellung als Unterbibliothekar der königlichen Schlossbibliothek in Königsberg. Er blieb dort sechs Jahre, obwohl das Jahresgehalt mit 62 Talern unter dem eines Lehrers lag und die Arbeitsbedingungen vor allem im Winter nicht sehr angenehm waren, wie sein Biograf Karl Vorländer beschreibt: »Allerdings war die Bibliothek für das allgemeine Publikum nur Mittwochs und Sonnabends nachmittags von 1–4 geöffnet; aber der Unterbibliothekar hatte in den beiden dunklen, trotz ihres Steinbodens auch im Winter ungeheizten, Zimmern, zuweilen, wie es in einer beweglichen Schilderung Bocks hieß, ›bei gefrorener Tinte‹ und ›mit erstarrten Händen‹ zu arbeiten.«[54]

Als Währung gab es in Preußen Reichstaler (Silbermünzen), Groschen (Kupfermünzen), Friedrich d'or (Goldmünzen), Schillinge und Pfennige. Die Preise und Löhne schwankten natürlich je nach Region, aber die folgende Auflistung vermittelt einen Eindruck davon, was man um 1785 für 1 Reichstaler in Preußen bekommen konnte:[55]

15 Pfund Fleisch bester Qualität

25 Pfund Brot

2 Pfund Tabak

4 Pfund Tee

2 Flaschen Champagner

1 Paar Schuhe

Einkünfte[56]

Tagelöhner	etwa 50 Taler im Jahr
Handwerker	etwa 70 Taler im Jahr
Lehrer	100–200 Taler im Jahr
Unterbibliothekar Kant	62 Taler im Jahr
Professor Kant	236 Taler im Jahr

Bloßes Nachbeten

In der Erziehung zu selbstständigem Denken setzte Kant das Werk seines Lehrers Martin Knutzen (1713–1751) fort. Bloßes Nachbeten dagegen mochte er überhaupt nicht, wie sein Biograf Ernst Borowski überlieferte: »Sie werden, das wiederholte er seinen Schülern unabläßig, bei mir nicht Philosophie lernen, aber – philosophiren; nicht Gedanken bloß zum Nachsprechen, sondern denken.«[57]

Hinwendung zum Menschen

Rousseaus drei Schriften, die *Abhandlung über die Wissenschaften und Künste* (1759), die *Abhandlung über den Ursprung und die Grundlagen der Ungleichheit unter den Menschen* (1755) und *Vom Gesellschaftsvertrag oder Grundsätze des Staatsrechts* (1760/61, publiziert 1762), wurden in Deutschland mit Interesse aufgenommen. Sein pädagogischer Roman *Émile oder Über die Erziehung* (1762) begeisterte auch Kant, der sich unter dem Eindruck der Rousseau-Lektüre verstärkt dem Menschen zuwendet:

» *Ich bin selbst aus Neigung Forscher. Ich fühle den gantzen Durst nach Erkentnis und die begierige Unruhe darin weiter zu kommen oder auch die Zufriedenheit bei jedem Erwerb. Es war eine Zeit da ich glaubte dieses allein könnte die Ehre der Menschheit machen u. ich verachtete den Pöbel der von nichts weiß. Rousseau hat mich zurecht gebracht. Dieser verblendende Vorzug verschwindet, ich lerne die Menschen ehren u. ich würde mich unnützer finden wie den gemeinen Arbeiter wenn ich nicht glaubete dass diese Betrachtung allen übrigen einen Werth ertheilen könnte, die rechte der Menschheit herzustellen.*[58]

Immanuel Kant

Diderots viel zitierte Aussage in seinem Enzyklopädieartikel von 1755, die verlangt, den Menschen als den Ausgangspunkt aller Dinge zu sehen, löste viele Diskussionen aus: »Der Mensch ist der einzigartige Begriff, von dem man ausgehen und auf den man alles zurückführen muss«.[59]

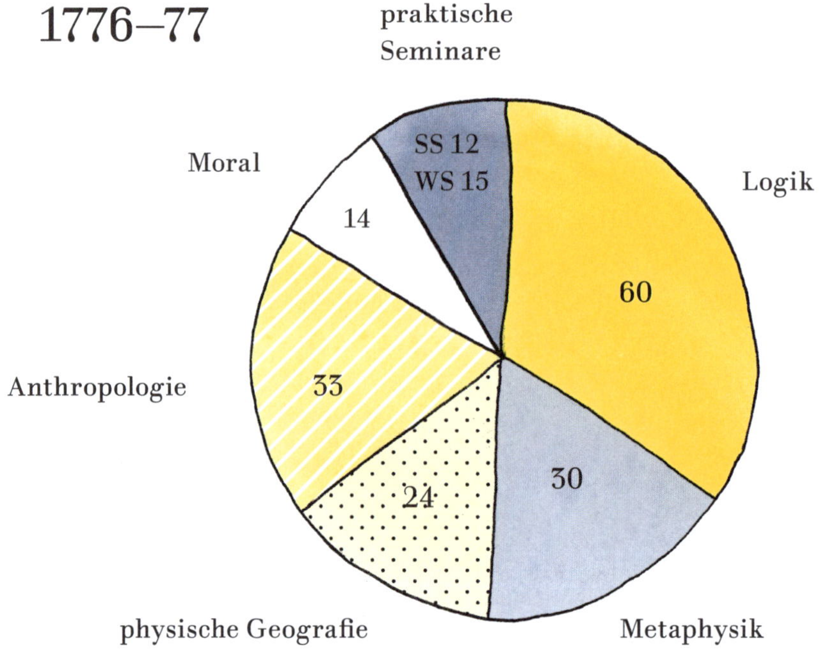
1776–77
praktische Seminare
SS 12
WS 15
Moral
14
Logik
60
Anthropologie
33
24
30
physische Geografie
Metaphysik

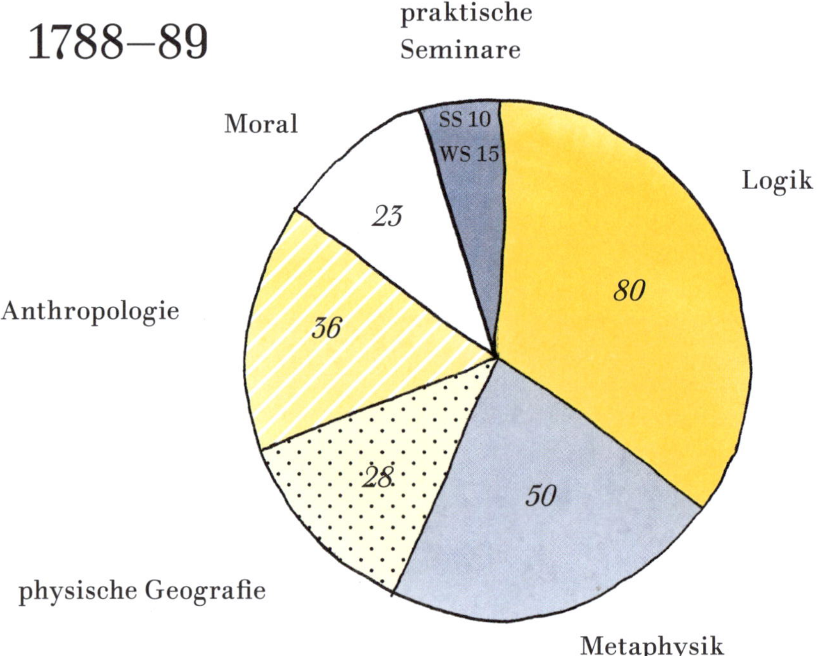
1788–89
praktische Seminare
Moral
SS 10
WS 15
Logik
23
80
Anthropologie
36
28
50
physische Geografie
Metaphysik

Kants Vorlesungen

Der gehörlose Königsberger Schriftsteller Walter Scheffler (1880–1964) dichtete 1924 über den berühmten Sohn der Stadt Königsberg:

»Es geht auf sieben – Zeit wird's fürs Kolleg!
Nochmals das Barometer konsultiert –
Ein Prischen noch – Der Diener präsentiert
schon Hut und Stock für den gewohnten Weg.

Treppnieder steigend lauscht Kant dem Gespräch,
das seine Köchin mit der Katze führt,
sein ernst Gesicht ein feines Schmunzeln rührt,
dann auf die Straße tritt er, die sich schräg

zur lauten Altstadt senkt, das Schloß entlang,
den feinen Körper trägt gemessner Gang,
das große Haupt neigt sich wie forschend vor –

Kant späht zum Pregelkai ins Marktgetöse,
dann geht's durch Gäßchen — Und die langen Schößе
des braunen Rocks verschluckt das Domhoftor.«[60]

Anzahl der Zuhörer in den Vorlesungen, die Kant entweder im Sommer- oder Wintersemester hielt. Lediglich die praktischen Seminare (Repetitorien, Disputationen) hielt Kant sowohl im Winter- als auch im Sommersemester.

Kants geistiges Training zum Schreiben

In einem Brief an den Arzt und Philosophen Markus Hertz (1747–1803) schreibt Kant am 21. Februar 1772:

» *Das Gemüt muß im ruhigen oder auch glücklichen Augenblicken jederzeit und ununterbrochen zu irgendeiner zufälligen Bemerkung, die sich darbieten möchte, offen, obzwar nicht immer angestrengt sein. Die Aufmunterungen und Zerstreuungen müssen die Kräfte desselben in der Geschmeidigkeit und Beweglichkeit erhalten, wodurch man in Stand gesetzt wird, den Gegenstand immer auf anderen Seiten zu erblicken und seinen Gesichtskreis von einer mikroskopischen Beobachtung zu einer allgemeinen Aussicht zu erweitern, damit man all erdenklichen Standpunkte nehme, die wechselweise einer das optische Urteil der anderen verifizieren.*

a	b	c	d	e	f	g	h	i	j	k	l	m

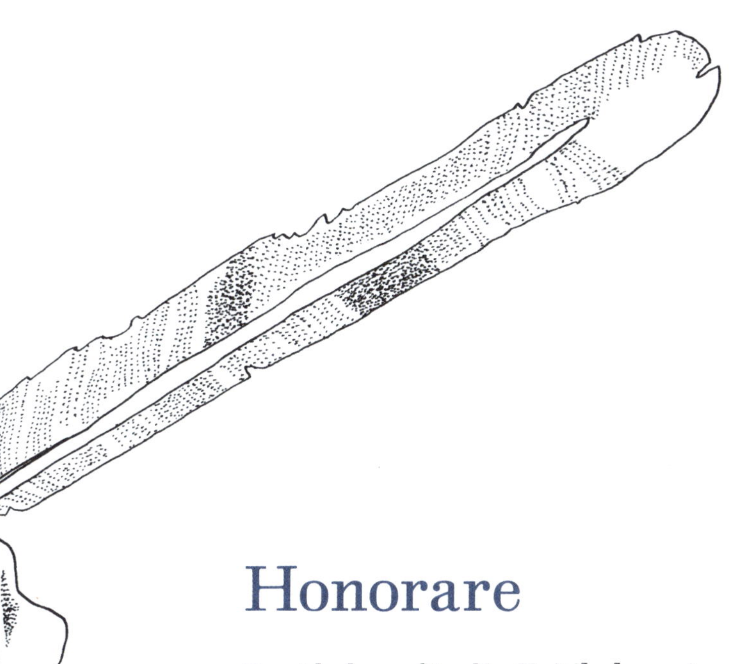

Honorare

Kant bekam für die *Kritik der reinen Vernunft* und die *Kritik der praktischen Vernunft* vom Verlag als Honorar 4 Taler pro Bogen und kam damit auf insgesamt 220 Taler.

Für sein Werk *Zum ewigen Frieden* betrug das Honorar 10 Taler pro Bogen.[61]

Zum Vergleich: Schiller bekam pro Bogen bis zu sechsmal mehr.

… und Schriftzeichen

Über Jahrhunderte war die Kurrentschrift die allgemeine Verkehrsschrift im deutschen und nordeuropäischen Sprachraum.

Von Immanuel Kant sind etwa 300 Briefe überliefert, von Goethe hingegen um die 15 000.

n	o	p	q	r	s	t	u	v	w	x	y	z

Kritische Philosophie und gesellschaftliches Leben

Was kann ich wissen?

Kants Hauptwerke tragen im Titel den Begriff »Kritik«. Mit Kritik ist eine prüfende Beurteilung gemeint. Ungeprüft etwas übernehmen, bloßes Behaupten, Luftschlösser, ideologischer Starrsinn – dies alles ist für Kant »der gerade Weg zur philosophischen Schwärmerei«. Nur »Kritik eben desselben Vernunftvermögens [kann] diesem Übel gründlich abhelfen«.[62]

Kant versteht unter »Kritik«, Ansprüche – welcher Art auch immer – gründlich zu prüfen. Alles wird dem »Gerichtshof« der Vernunft vorgelegt. Kant ist in seiner Philosophie Kläger, Verteidiger und Richter zugleich.

Im Mittelalter galt die Philosophie als »Magd der Theologie«, etwa bei Thomas von Aquin (1225–1274). Kant schließt sich dem Frühaufklärer Christian Wolff (1679–1754) an und formulierte mit diesem die Priorität der Philosophie in seiner Schrift *Der Streit der Fakultäten in drei Abschnitten* von 1798 mittels der Magd-Metapher:

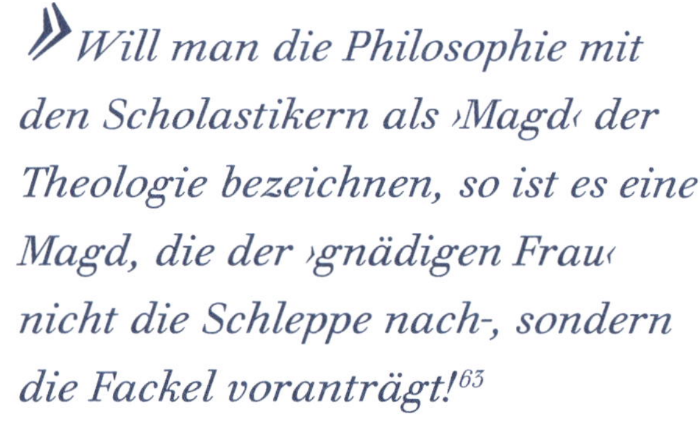

»Will man die Philosophie mit den Scholastikern als ›Magd‹ der Theologie bezeichnen, so ist es eine Magd, die der ›gnädigen Frau‹ nicht die Schleppe nach-, sondern die Fackel voranträgt![63]

Immanuel Kants Siegel

Nachdenken

Zwischen 1771 und 1781 hat Immanuel Kant kein philosophisches Werk im Druck herausgebracht. Heute würde eine solche Phase des Schweigens das Ende einer akademischen Karriere bedeuten. Doch Kant lässt sich nicht treiben, sondern verfolgt seine Ziele besonnen, wie sein Biograf Karl Vorländer schreibt, der einen von Kants lateinischen Lieblingssprüchen auf Deutsch zitiert:

> »*Ich strebe mir die Dinge, nicht mich den Dingen unterzuordnen.*[64]

Letztendlich waren diese Jahre äußerst ertragreich: Die Ergebnisse seiner Studien fasste Kant im Eiltempo von etwa 4 bis 5 Monaten in seinem Hauptwerk *Kritik der reinen Vernunft* zusammen und publizierte die Schrift 1781. Damit stand er am Beginn einer umfassenden Phase geistiger Produktivität, die Epoche machen wird.

Revolution der Denkungsart

In der 1781 erschienenen *Kritik der reinen Vernunft* schreitet Kant die Grenzen des menschlichen Erkenntnisvermögens ab. Seine Ausgangsfrage ist, was wir und wie wir sicher erkennen können. Geprüft wird, was sicher gewusst werden kann und was bloße Spekulation ist.

Kants kritische Philosophie handelt nicht von den Gegenständen der Erkenntnis, nicht von den Dingen selbst, sondern richtet ihr Augenmerk auf die Erkenntnis von Dingen. Kant sieht hierin eine »Revolution der Denkungsart«:[65] Nicht die Erkenntnis richtet sich nach den Gegenständen. Vielmehr richten sich die Gegenstände nach der Art unseres Erkennens und unseres Erkenntnisapparats. Um diese neue Perspektive zu verdeutlichen, greift Kant auf das wissenschaftliche Experiment zurück. Experimente wurden vor allem von Galileo Galilei in die moderne Naturwissenschaft eingeführt. Kant sieht in diesen eine »Nötigung« der Natur, unsere Fragen zu beantworten:

> » *Als Galilei seine Kugeln die schiefe Fläche mit einer von ihm selbst gewählten Schwere herabrollen, [...] ließ, [...] so ging allen Naturforschern ein Licht auf. Sie begriffen, daß die Vernunft nur das einsieht, was sie selbst nach ihrem Entwurfe hervorbringt, daß sie mit Prinzipien ihrer Urteile nach beständigen Gesetzen vorangehen und die Natur nötigen müsse, auf ihre Fragen zu antworten [...].*[66]

Die *Kritik der reinen Vernunft* untersucht die menschliche Vernunft und prüft, wie und in welchen Grenzen wir sichere Erkenntnis erlangen können. Damit wird zum ersten Mal die Möglichkeit erwogen, dass unserem Streben nach Erkenntnis unüberbrückbare Grenzen gesetzt sind, die wir prinzipiell nicht überschreiten können. Räumlichkeit, Zeitlichkeit und Kausalität wurzeln nicht in der materiellen Realität, sondern sind Teil der Art und Weise, wie wir erkennen. Dieser Perspektivenwechsel hin zu unserem Erkenntnisvermögen wird häufig als Kants »kopernikanische Wende« bezeichnet.

Transzendental, nicht transzendent

Für Kant muss zum menschlichen Wissen, soll es sichere Erkenntnis geben, etwas zur Erfahrung hinzukommen. Als wichtiger Aspekt müssen Erkenntnisbedingungen, die Erfahrung überhaupt erst möglich machen, selbst aber der Erfahrung nicht zugänglich sind, miteinbezogen werden. Kant nennt eine Philosophie, die diese Bedingungen menschlicher Erkenntnis untersucht, »transzendental«. Die Transzendentalphilosophie, die Kant mit seiner *Kritik der reinen Vernunft* zuerst entwickelt, tastet die Möglichkeiten und Grenzen menschlichen Wissens ab. Es geht in ihr nicht darum, diese Grenzen zu überschreiten und Wissen jenseits der Erfahrung (Transzendenz) zu suchen.

Transzendental	versus	Transzendenz
Erkenntnistheorie		Metaphysik
Bedingungen der Möglichkeit von Erfahrung		Eine eigene, die Erfahrung übersteigende Form von Wissen vor aller Erfahrung
Vor aller Erfahrung		Jenseits der Erfahrung
Keine Wesenserkenntnis (unbekanntes »Ding an sich«)		Dinge (Wesenserkenntnis, Wahrheit)
Grenzen der Erkenntnis anerkennend		Grenzüberschreitend

Aufwachen aus dem »dogmatischen Schlummer«

Woher wissen wir etwa, dass Schwäne immer weiß sind oder ein Apfel vom Baum nach unten fällt oder dass Menschen immer ihren eigenen Vorteil im Blick haben (Homo oeconomicus) oder Ähnliches? Woher wissen wir, dass etwas streng allgemein und notwendig so ist, wie es ist?

Für den schottischen Aufklärer und Empiristen David Hume (1711–1776) ist alles Wissen nur erfahrungsbasiert. Alle damals bislang gesichteten Schwäne waren weiß. Aber vielleicht gibt es noch unbeobachtete Schwäne? Und was ist mit den Schwänen, denen wir in vielleicht zehn Jahren begegnen? Und fällt übermorgen der Apfel immer noch zu Boden? David Hume folgend, können wir nur sagen, soweit die Erfahrung reicht, ist es so, nicht aber, dass es immer so ist (Allgemeingültigkeit) und auch nicht anders sein kann (Notwendigkeit). Das Problem mit dem Erfahrungswissen ist, dass aus Erfahrung allein keine strenge Allgemeingültigkeit und Notwendigkeit im Wissen abgeleitet werden kann.

Diese Einsicht in die Grenzen erfahrungsbasierten Wissens ist ein wichtiger Ausgangspunkt für Kants Philosophie:

> »*Ich gestehe frei: die Erinnerung des David Hume war eben dasjenige, was mir vor vielen Jahren zuerst den dogmatischen Schlummer unterbrach, und meinen Untersuchungen im Felde der spekulativen Philosophie eine ganz andere Richtung gab.*[67]

Von Äpfeln und Kategorien

Isaac Newton sah eines Tages im Garten, wie ein Apfel vom Baum fiel. Diese Beobachtung ließ ihn, wie er rückblickend selbst erzählte, das Prinzip der Schwerkraft erkennen. Könnten wir morgen Äpfel dabei beobachten, wie sie von einem Baum nach oben steigen? Oder gelten unumstößliche Naturgesetze?

Immanuel Kant war Newtonianer. Mit seiner Erkenntnistheorie wollte er begründen, warum wissenschaftliche Erkenntnis sichere Erkenntnis ist. Kants kritische Philosophie vereint zwei philosophische Strömungen seiner Zeit: den Empirismus – repräsentiert durch Thomas Hobbes, John Locke, David Hume –, der alle Erkenntnis auf Sinneserfahrung zurückführt, und den Rationalismus – vertreten durch René Descartes, Gottfried Wilhelm Leibniz, Baruch de Spinoza, Christian Wolff –, der Vernunfterkenntnisse losgelöst von Erfahrungen für möglich hält.

Gleich zu Beginn der *Kritik der reinen Vernunft* geht Kant davon aus, dass zwar beide Richtungen etwas Korrektes enthalten, sich aber wechselseitig ergänzen müssen:

»Daß alle unsere Erkenntnis mit der Erfahrung anfange, daran ist gar kein Zweifel [...]. Wenn aber gleich alle unsere Erkenntnis mit der Erfahrung anhebt, so entspringt sie darum doch nicht eben alle aus der Erfahrung. Denn es könnte wohl sein, daß selbst unsere Erfahrungserkenntnis ein Zusammengesetztes aus dem sei, was wir durch Eindrücke empfangen, und dem, was unser eigenes Erkenntnisvermögen [...] aus sich selbst hergibt [...].[68]

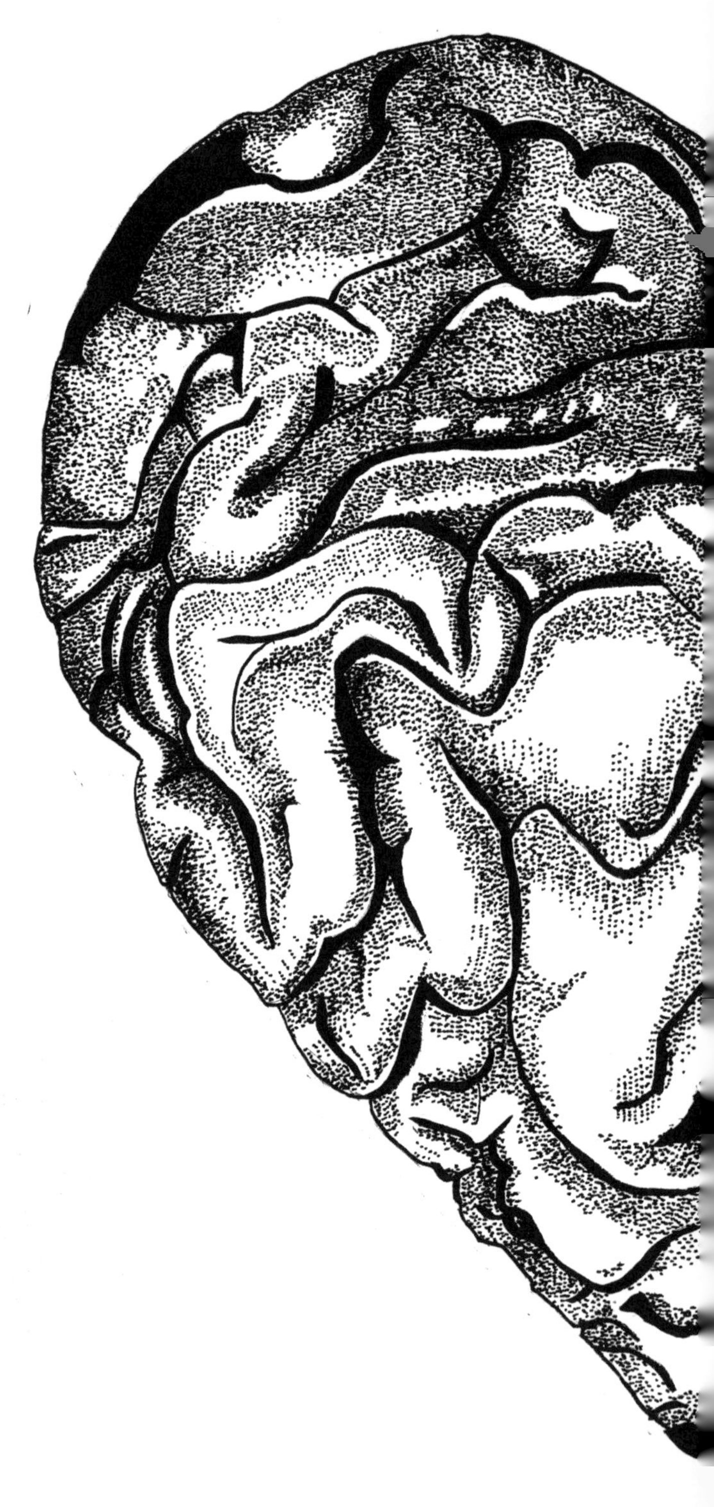

Erkenntnisfähigkeit

Das menschliche Erkennen beruht nach Immanuel Kant auf zwei Grundkomponenten:

- Auf der Anschauung beziehungsweise dem Vermögen der Sinnlichkeit, das uns Anschauungen liefert. Diese sind immer räumlich und zeitlich strukturiert (reine Anschauungsformen). Kant widerlegt Newtons Auffassung von einem absoluten Raum und einer absoluten Zeit: Angenommen Raum und Zeit wären etwas, das für sich selbst bestünde, dann würden Raum und Zeit, auch nachdem alle Objekte daraus entfernt worden wären, als Substrat vorhanden bleiben müssen. Es käme zu der widersinnigen Vorstellung, dass etwas ohne Gegenstände doch als wirklich (als etwas, als Gegenständliches) zurückbleiben soll.

- Auf dem Verstand, der die gegebenen Anschauungen (»Mannigfaltigkeit«) zu einer Erkenntnis verknüpft. Die wesentliche Tätigkeit des Verstandes besteht im Urteilen, und im Urteil werden verschiedene Begriffe miteinander verknüpft. Wie diese Verbindungen aussehen können, zeigt die Urteilstafel, die Kant durch Ableitung aus der traditionellen Logik entwickelt hat: Jedes Erkenntnisurteil drückt eine bestimmte Qualität, Quantität, Relation und Modalität aus. Ein Beispiel: Das Urteil »Philosophie ist spannend« ist ein »einzelnes« (Quantität), »bejahendes« (Qualität), »kategorisches« (Relation) und »problematisches« (Modalität) Urteil. Aus diesen möglichen Formen des Urteilens leitet Kant Verstandesbegriffe (Kategorien) ab, die die Art, wie und was wir aus dem in der Anschauung Gegebenen erkennen, wesentlich steuern.

Die Art der Verbindungen von Begriffen in Urteilen kann entweder analytisch oder synthetisch sein. Ist die Verbindung der Begriffe im Urteil bloß analytisch, handelt es sich um ein Erläuterungsurteil. Das, was in der Definition eines Begriffs bereits enthalten ist, wird noch mal betont. Im synthetischen Urteil wird einem Begriff etwas Neues hinzugefügt. Dieses Neue wissen wir entweder aus der Erfahrung (»a posteriori«) oder aber unabhängig von der Erfahrung (»a priori«).

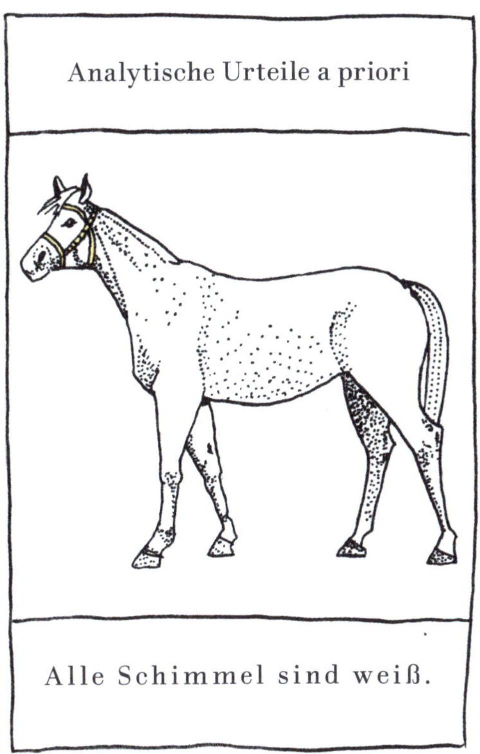
Analytische Urteile a priori
Alle Schimmel sind weiß.

Synthetische Urteile a posteriori
Alle Schwäne sind weiß.

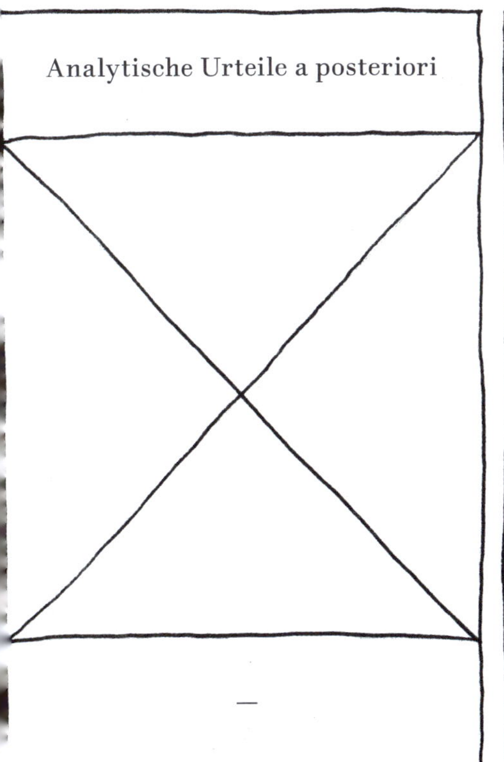
Analytische Urteile a posteriori
–

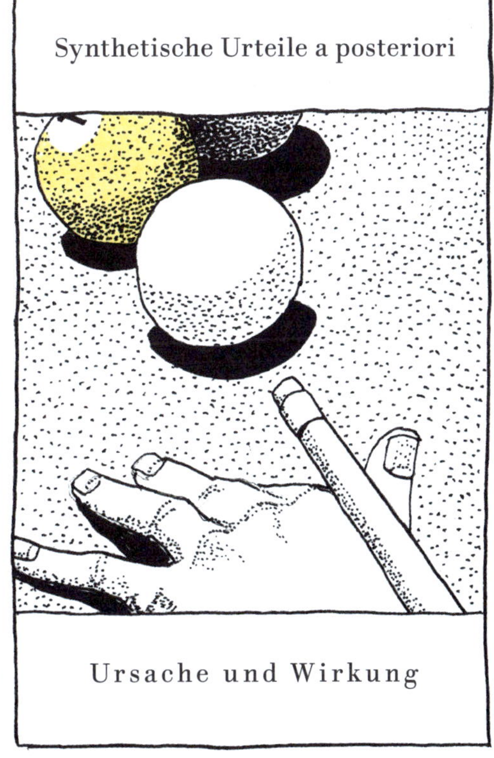
Synthetische Urteile a posteriori
Ursache und Wirkung

Kategorien der Quantität

Das ist Susi.

Einheit

Vielheit

Teamwork

Der Verstand denkt einen Gegenstand zu den gegebenen Anschauungen, und zwar insofern er die Anschauung begreift, das heißt etwas auf den Begriff bringt beziehungsweise beurteilt, die Begriffe zu Urteilen verknüpft. Laut Kant gibt es keinen unmittelbaren, anschauenden, intuitiven Zugang zur Wahrheit. Beide Erkenntnisvermögen sind strikt voneinander getrennt, bleiben aber aufeinander angewiesen, um wirkliche Erkenntnis zu erlangen. In seiner *Kritik der reinen Vernunft* schreibt Kant:

> *»Gedanken ohne Inhalt sind leer, Anschauungen ohne Begriffe sind blind. Daher ist es ebenso notwendig, seine Begriffe sinnlich zu machen, (d. i. ihnen den Gegenstand in der Anschauung beizufügen,) als seine Anschauungen sich verständlich zu machen (d. i. sie unter Begriffe zu bringen). Beide Vermögen, oder Fähigkeiten, können auch ihre Funktionen nicht vertauschen. Der Verstand vermag nichts anzuschauen, und die Sinne nichts zu denken. Nur daraus, daß sie sich vereinigen, kann Erkenntnis entspringen.*[69]

Verlässt Erkenntnis den Boden der Erfahrung, verliert sie jede Bodenhaftung. Hierfür findet Kant ein sehr eingängiges Bild:

»Die leichte Taube, indem sie im freien Fluge die Luft teilt, deren Widerstand sie fühlt, könnte die Vorstellung fassen, daß es ihr im luftleeren Raum noch viel besser gelingen werde. Eben so verließ Plato die Sinnenwelt, weil sie dem Verstande so enge Grenzen setzt, und wagt sich jenseits derselben, auf den Flügeln der Ideen, in den leeren Raum des reinen Verstandes. Er bemerkte nicht, daß er durch seine Bemühungen keinen Weg gewönne, denn er hatte keinen Widerhalt, gleichsam zur Unterlage, worauf er sich steifen, und woran er seine Kräfte anwenden konnte, um den Verstand von der Stelle zu bringen.[70]

Der alles zermalmende Kant

Mit der notwendigen Verbindung von Sinnlichkeit und Verstand, die nur gemeinsam Erkenntnis hervorbringen, hat Kant der menschlichen Erkenntnis klare Grenzen gesetzt. Moses Mendelssohn (1729–1786), einer der bedeutendsten deutschen Philosophen und Mitbegründer der jüdischen Aufklärung (Haskala), spricht von dem »alles zermalmende[n]« Kant:[71] Die Metaphysik – im alten Verstande – hat keinen Bestand mehr. Von Gott, Teufel und dergleichen kann zwar fantasiert werden, dies trägt aber nichts zur Erkenntnis bei, da der Boden der Sinneserfahrung verlassen wurde.

Kant hatte der Metaphysik bezüglich der Erkenntnis von Übersinnlichem eine deutliche Absage erteilt. Die Welt, wie sie unabhängig von unserem Erkenntnisapparat existiert, kann der Mensch nicht erfassen. Die Welt ist immer die Welt, wie sie uns erscheint, oder mit Kants Worten:

> » *[...] was die Dinge an sich sein mögen, weiß ich nicht und brauche es auch nicht zu wissen, weil mir doch niemals ein Ding anders, als in der Erscheinung vorkommen kann.*[72]

Hinterwelt oder Das Ding an sich

Alles, was das Wirkliche und das Wesen, vielleicht auch dasjenige, was hinter der erscheinenden Welt steht – Friedrich Nietzsche (1844–1900) sprach in seinem *Zarathustra* 1884 von »Hintern«, der »Welt von hinten« und den »Hinterweltler[n]«[73] –, übergibt Kant dem vollkommen unbestimmten »Ding an sich«. Über das »Ding an sich« können wir nichts wissen, denn Dinge sind immer »Dinge für uns«. Wie Dinge unabhängig von unserer Erkenntnis sind, können wir selbstverständlich nicht erkennen.

Das »Ding an sich« ist eine Art Blackbox. Wir wissen nicht, was in dieser Box steckt. Es könnte beispielsweise Gott drinstecken. Es könnte sein, dass Gott existiert. Wir haben aber keine Kenntnis. Genauso wenig können wir wissen, dass Gott nicht existiert. Dadurch dass Kant dem Erkenntnisvermögen Grenzen setzt, verschafft er dem Glauben Platz. Das gilt nicht für Schwärmerei, Dogmatismus und Rechthaberei.

Mit Kants kritischer Philosophie

> *» kann nun allein dem Materialism, Fatalism, Atheism, dem freigeisterischen Unglauben, der Schwärmerei und Aberglauben, die allgemein schädlich werden können, […] selbst die Wurzel abgeschnitten werden.*[74]

Die Welt ist kein bloßer Traum und kein Hirngespinst

Dass die Welt uns unserem Erkenntnisvermögen entsprechend gegeben ist, bedeutet nicht, sie existiere nur in unserem Kopf. In der zweiten Auflage der *Kritik der reinen Vernunft* reagiert Kant auf die Fehldeutung seiner Philosophie, indem er ein eigenes Kapitel mit der Überschrift »Widerlegung des Idealismus« einfügt. Er wendet sich darin gegen den »dogmatischen« Idealismus eines George Berkeley (1685–1753).

Für den Theologen und Philosophen Berkeley besteht das Sein des Seienden darin, dass es wahrgenommen wird: Esse est percipi (lateinisch für »Sein ist Wahrgenommenwerden«). Damit wird aber die Existenz einer Welt jenseits unserer Vorstellung infrage gestellt. Dementgegen betont Kant, dass das Erscheinen von Gegenständen nicht bedeute, dass sie nur Scheingegenstände seien.

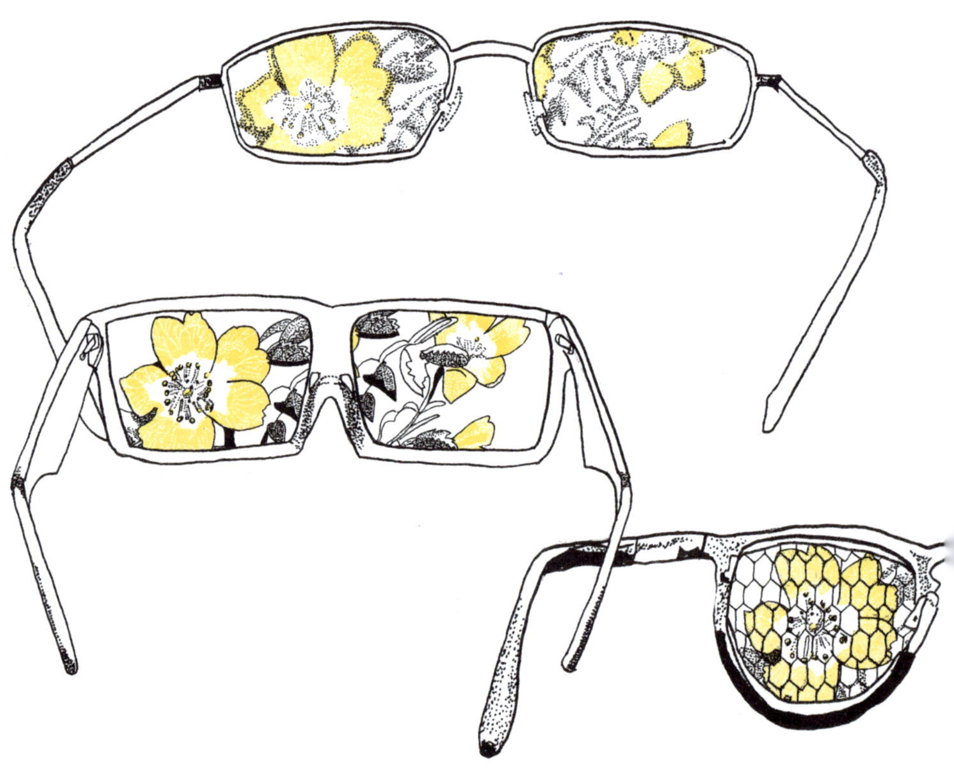

Grüne Gläser

Seiner Verlobten Wilhelmine von Zenge schrieb Heinrich von Kleist (1777–1811) im Jahr 1801: »Vor kurzem ward ich mit der neueren sogenannten Kantischen Philosophie bekannt und Dir muß ich jetzt daraus einen Gedanken mitteilen, indem ich nicht fürchten darf, daß er Dich so tief, so schmerzhaft erschüttern wird, als mich. [...] Wenn alle Menschen statt der Augen grüne Gläser hätten, so würden sie urteilen müssen, die Gegenstände, welche sie dadurch erblicken, sind grün – und nie würden sie entscheiden können, ob ihr Auge ihnen die Dinge zeigt, wie sie sind, oder ob es nicht etwas zu ihnen hinzutut, was nicht ihnen, sondern dem Auge gehört. So ist es mit dem Verstande. Wir können nicht entscheiden, ob das, was wir Wahrheit nennen, wahrhaft Wahrheit ist, oder ob es uns nur so scheint.«[75]

In seinem Gleichnis geht es Kleist nicht um die Wirkung einer Brille mit grünen Gläsern. Er führt vor, was passieren würde, wenn alle Menschen anstelle der Augen grüne Gläser hätten: Es bestünde keine Möglichkeit, die Welt anders wahrzunehmen als in der Tönung dieser Gläser. Eine objektive Erkenntnis sei damit unmöglich – dies widersprach dem damals vorherrschenden Bild der Wissenschaften. Monate zuvor hatte sich Kleist von einer wissenschaftlichen Laufbahn abgewendet und strebte zunächst eine Stelle im Staatsdienst an. Aus dieser Umbruchphase ging er schließlich als freischaffender Schriftsteller hervor.

In der Literaturwissenschaft wird diese biografische Wende als Kleists »Kant-Krise« bezeichnet. Ob dazu neben persönlichen Entwicklungen auch tatsächlich die philosophischen Überlegungen Kants sowie Johann Gottlob Fichtes (1762–1814) beigetragen haben, bleibt in der Kleist-Forschung umstritten.

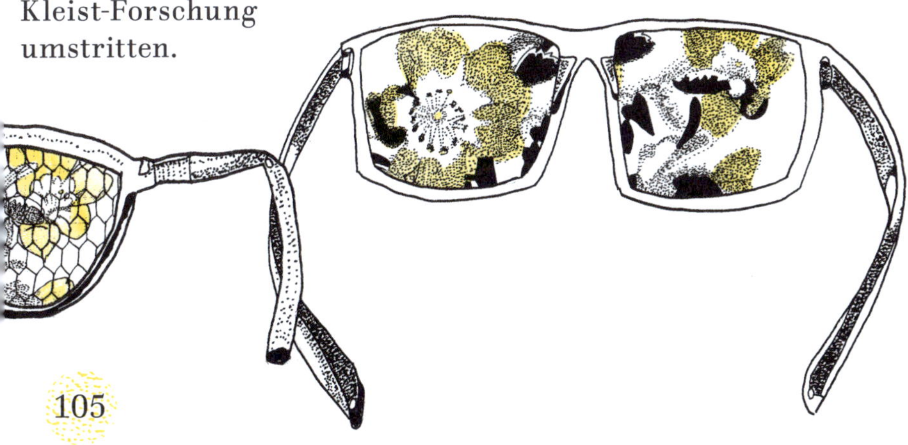

Kants Haus in der Prinzessinstraße

Am 30. Dezember 1783 kaufte Kant von der Witwe des Porträtmalers Johann Gottlieb Becker (1720–1782) für 5500 Gulden das Haus in der Prinzessinstraße, in der einst die Prinzessinnen des herzoglichen Hofes gewohnt haben sollen. Er wohnte dort bis zu seinem Tod im Jahr 1804.

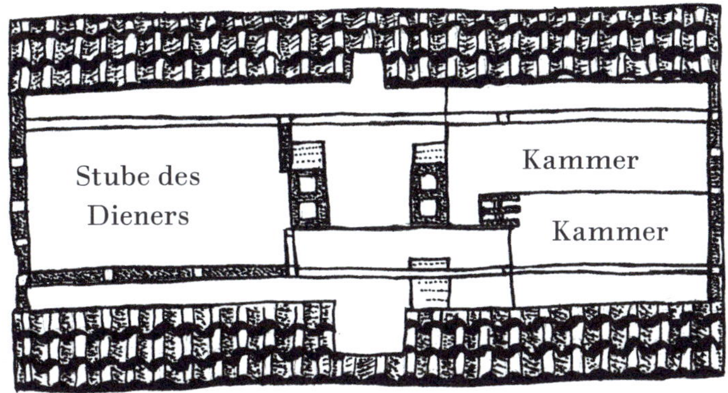

Dachgeschoss

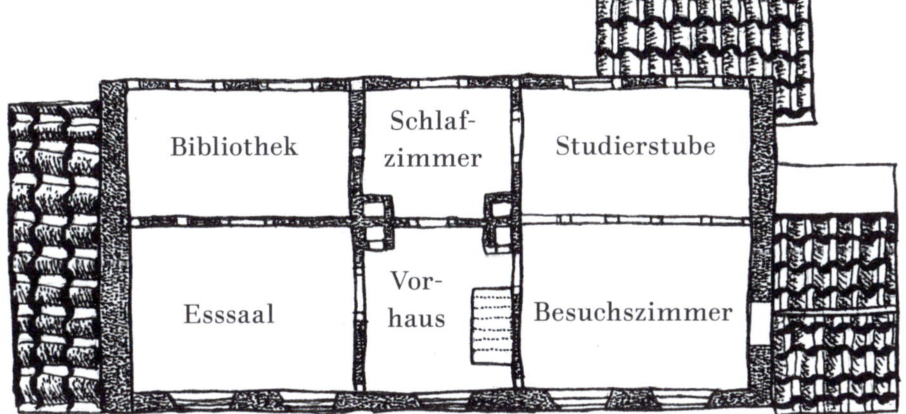

Obergeschoss

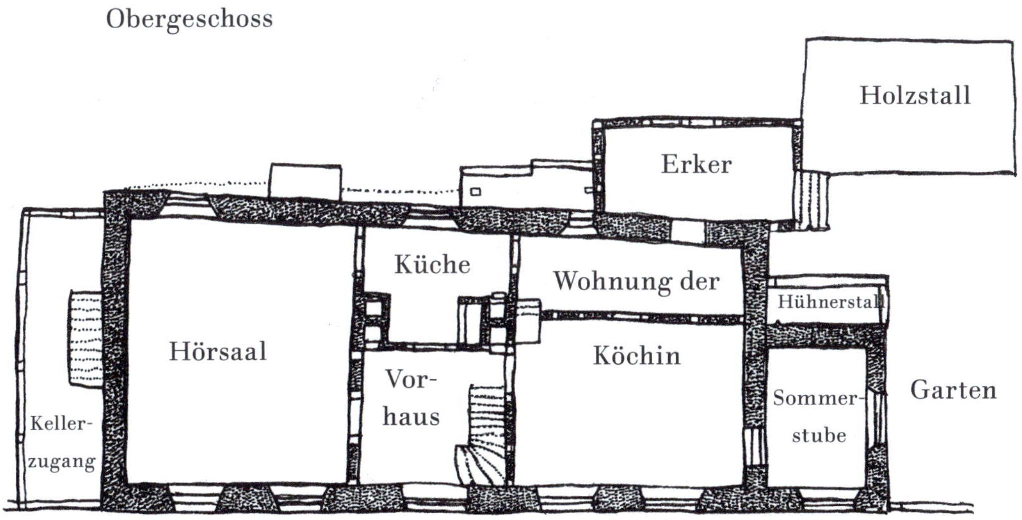

Erdgeschoss

Prinzessinstraße

Musenhof der Keyserlingks

Zu der adligen Familie von Keyserlingk pflegte Kant seit den 1750er-Jahren eine enge Beziehung. Er schätzte die kulturellen Interessen und die hohe Bildung des Grafenpaares. Der Philosoph war ein gern gesehener Gast bei den Tischgesellschaften im Hause Keyserlingk. Die Bewunderung, die Kant der Gräfin Caroline Charlotte entgegenbrachte, ist abzulesen an dem Attribut »Zierde ihres Geschlechts«,[76] das er ihr in seiner Anthropologieschrift verlieh.

Einen Einblick, wie es bei den Gesellschaften der Keyserlingks zuging, vermittelt uns der Philosoph Johann Georg Hamann (1730–1788) in einem Brief vom 7. Januar 1785 an den Kaufmann und Philosophen Friedrich Heinrich Jacobi (1743–1819): »Dieses Haus ist die Krone des ganzen Adels, unterscheidet sich von allen übrigen durch Gastfreiheit, Wohltätigkeit, Geschmack.«

Gräfin Carolines erster Ehemann Gebhardt hatte das Barockpalais auf dem Vorderroßgarten in Königsberg erworben. Ihr zweiter Gatte Heinrich kaufte die benachbarten Grundstücke dazu und begann mit dem Ausbau des gesamten Komplexes: Im Königsberger Schlossteich ließ er eine malerische Halbinsel aufschütten, und im Park errichtete er Gästepavillons sowie das »Comoedienhaus«, ein Gebäude für Theateraufführungen. »Das Palais füllte er ›mit kostbaren Möbeln, Bildern, Büchern und Chinoiserien im französischen Geschmack‹. Das Appartement der Gräfin war ›zugleich ein prächtiges Künstler-Atelier‹. Kostbare Equipagen, Lakaien in prachtvollen Livreen, Mohren und Heiducken boten das Bild einer fürstlichen Hofhaltung.«[77] Bälle, Abendgesellschaften, Mittagstafeln, Gartenfeste und Abendmusiken waren an der Tagesordnung.

Karl Vorländer beschreibt in seiner Kant-Biografie anschaulich: »Erschien er [Kant] zur Tafel, so bekam er stets den Ehrenplatz, der Gräfin zur Seite [...]. Kant benahm sich als der feinste Weltmann von den angenehmsten Manieren, so daß man, wie von verschiedenen Seiten übereinstimmend berichtet wird, hier den abstrakten Denker und tiefen Gelehrten in ihm nicht vermutete. ›[...] Anmutsvoller Witz‹ – den man ihm sogleich an den Augen und Gesichtszügen ansah – ›stand ihm zu Gebote, und bisweilen war sein Gespräch mit leichter Satire gewürzt, die er immer mit der trockensten Miene anspruchslos hervorbrachte‹. Auch in Abwesenheit ihres Gemahls lud sie wohl den ihr vertrauten Gelehrten ein; sie schreibt ihm einmal: ›Kant hat bei mir gespeiset.‹

Neben ihren wissenschaftlichen und literarischen Interessen übte sie auch die Malerei praktisch aus. Sie zeichnete nicht bloß Porträts nach dem Leben – von ihrer Zeichnung des 30jährigen Kant haben wir schon vernommen – und kopierte Bilder van der Werffs u. a. in Pastell, sondern malte auch selbst Miniaturen profanen und religiösen Inhalts und wurde deshalb 1786, wohl nach dem Regierungsantritt des neuen Königs, zum Ehrenmitglied der Berliner Akademie der Künste ernannt. So besaß denn das Palais auch ein besonderes Gemäldekabinett [...]. Die Bibliothek zählte 4–5000 Bände, besonders geschichtliche und antike Autoren; auch waren eine Anzahl mathematisch-physikalischer Instrumente vorhanden.«[78]

»Bei ihr hatte der Graf Sagramoso, der damals die Einrichtung des Maltheserritterordens in Polen (aus der Ordination Ostrog) zu besorgen den Auftrag hatte, den Besuch gemacht, und zufälligerweise war ein aus Königsberg gebürtiger, aber in Hamburg für die Liebhaberei einiger reichen Kaufleute zum Naturaliensammler

und Aufseher dieser ihrer Kabinette angenommener Magister, der seine Verwandten in Preussen besuchte, hinzugekommen, zu welchem der Graf, um doch etwas mit ihm zu reden, im gebrochenen Deutsch sprach: ›ick abe in Amburg eine Ant geabt (ich habe in Hamburg eine Tante gehabt); aber die ist mir gestorben.‹

Fluchs ergriff der Magister das Wort und fragte: ›warum liessen Sie sie nicht abziehen und austopfen‹? Er nahm das englische Wort Ant, welches Tante bedeutet, für Ente, und weil er gleich darauf fiel, sie müsse sehr rar gewesen sein, bedauerte er den grossen Schaden. Man kann sich vorstellen, welches Lachen dieses Missverstc hen erregen musste.«[79]

»Am öftersten erzählte er Anekdoten von Friedrich dem Einzigen, vor dessen Größe er staunte. Keine habe ich aber von ihm öfters erzählen hören, als folgende, die eben nicht so allgemein bekannt ist. Ein Fahnen-Schmidt geht vor dem reutenden König voraus, und scheint ihm nicht aus dem Wege gehen zu wollen.

Man schreyt ihm zu, er tritt ein wenig an die Seite, und läßt nicht undeutlich die Worte von sich hören: ›Laß den alten R–r reuten‹.

Der König hört diese Worte selbst, thut aber, als wenn er sie nicht gehört hätte, und reutet fort.

Abends beym Ausziehen erkundigt er sich nach dem Manne umständlich, und alle geben ihm in seinem Treiben und Handeln das beste Zeugniß. Aber, sagt der König, er nannte mich doch einen R–r. Man will es ihm ausreden. Der König bleibt dabey, und versichert, er habe es nur zu deutlich gehört.

Er hat es aber diesem Manne weder nachgetragen, noch je im geringsten entgelten lassen.‹ –

Die Erzählung dieser Anekdote gelang ihm immer sehr gut.«[80]

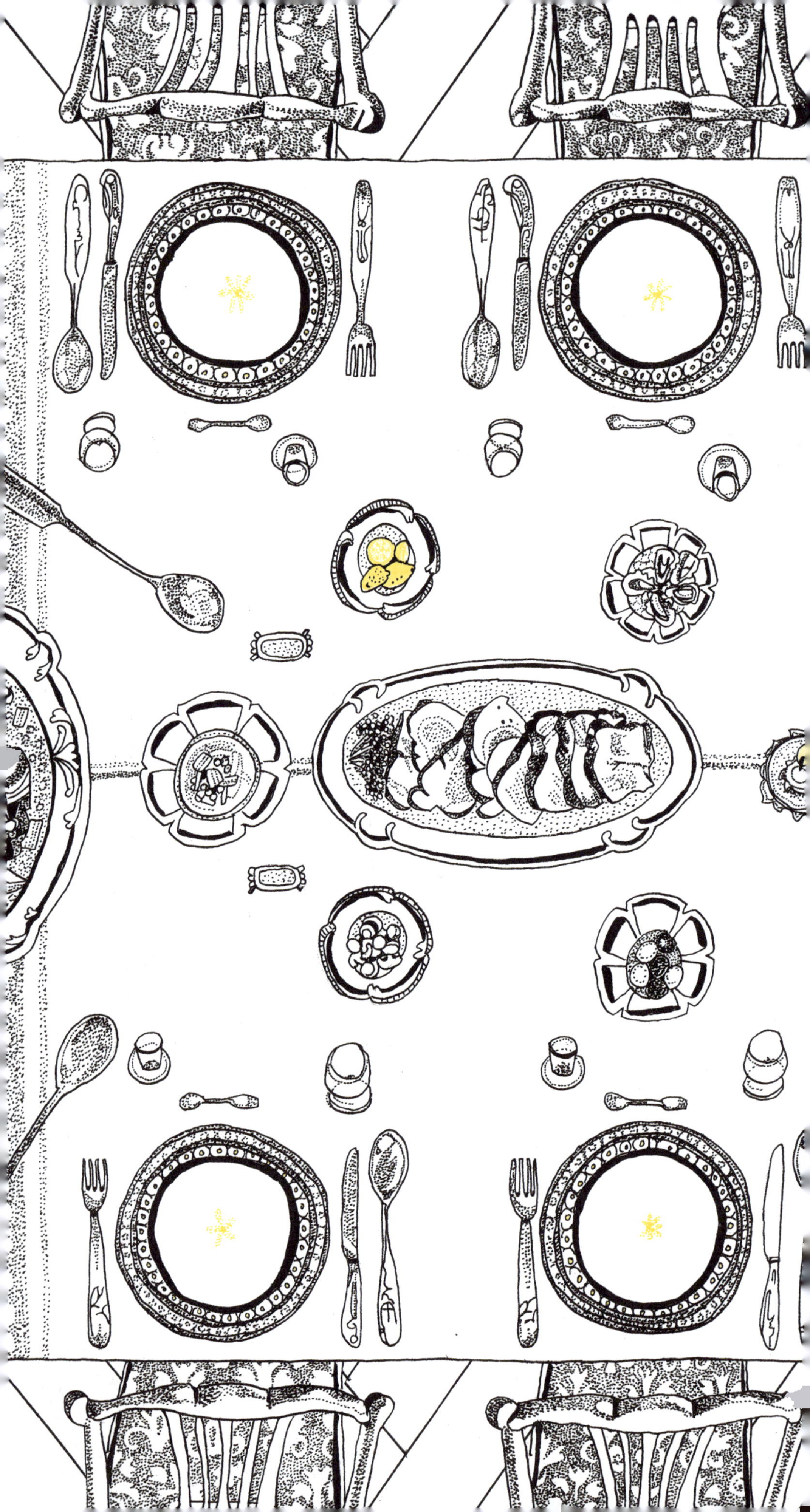

Kants Tischgesellschaft

Kant schätzte Geselligkeit und speiste nicht gern allein, sodass sich ab 1786 bei ihm zu Hause eine eigene Tischgesellschaft traf. Der Beamte und Geologe Friedrich Freiherr von Lupin (1771–1845) wusste nach seinem Besuch bei Kant im Jahr 1794 in seiner *Selbst-Biographie* später zu berichten: »Bekanntlich war er der Meinung, der Zweck einer Tischgesellschaft werde nur vorzüglich dann erreicht, wenn die Zahl der Gäste nicht unter der Zahl der Grazien sey, die Zahl der Musen nicht übersteige, weil bei weniger als drei Tischgenossen das Gespräch leicht ausgehen könnte, bei mehr als neun Personen aber ein Allen verständliches Gespräch nicht wohl möglich sey.«[81]

Weitere Einblicke in dieses Thema gewährt uns Karl Vorländer in seiner Kant-Biografie: »Greens Tod riß denn auch eine große Lücke in Kants Leben. [...] Er bewirkte einen förmlichen Umschwung in seinen Lebensgewohnheiten, indem der Philosoph seitdem keine Abendgesellschaften mehr besuchte, ja sogar dem ›Abendessen gänzlich entsagte‹ [...], welches letztere er freilich auch seiner Gesundheit für förderlicher hielt. Nur die Gewohnheit des sonntäglichen Mittagessens bei Robert Motherby behielt er bis zu dessen Tode im Jahr 1799 bei. Überhaupt starben ihm gerade in diesen Jahren eine ganze Reihe von Freunden. [...] Begreiflich genug, daß, als auch Motherby einmal am Rande des Grabes zu stehen schien, der sonst so gelassene Weise traurig ausrief: ›Soll ich denn alle meine Freunde vor mir ins Grab gehen sehen!‹, und daß er sich immer mehr aus dem geselligen Leben außerhalb seines Hauses zurückzog. Mit diesen veränderten Lebensgewohnheiten hängt es höchstwahrscheinlich zusammen, daß er gerade nach Greens Tode sich den Tisch im eigenen Hause einrichtete.«[82]

… und was auf den Tisch kam

Die Essgewohnheiten Kants in seinen letzten Lebensjahren sind uns durch seinen Biografen Reinhold Jachmann überliefert: »Kant aß nur einmahl im Tage, und zwar zu Mittage, aber mit einem sehr starken Appetit. Den ganzen übrigen Tag genoß er nicht das Mindeste außer Wasser. Sein Tisch bestand aus drei Schüsseln nebst einem Beisatz von Butter und Käse und im Sommer noch von Gartenfrüchten. Die erste Schüssel enthielt jederzeit eine Fleisch- größtentheils Kalbssuppe mit Reis, Graupen oder Haarnudeln. Er hatte die Gewohnheit auf seinen Teller noch Semmel zur Suppe zu schneiden, um sie dadurch desto bündiger zu machen. In der zweiten Schüssel wechselten trocknes Obst mit verschiedenen Beisätzen, durchgeschlagene Hülsenfrüchte und Fische mit einander ab. In der dritten folgte ein Braten; ich erinnere mich aber nicht, jemals Wildprett bei ihm gegessen zu haben. Des Senfs bediente er sich fast zu jeder Speise […]. Butter und Käse machten für ihn noch einen wesentlichen Nachtisch aus. […] Er aß ein feines zweimal gebackenes Roggenbrot, das sehr wohlschmeckend war. Der Käse wurde öfters fein gerieben auf den Tisch gesetzt. […] Bei großen Gesellschaften kam noch eine Schüssel und ein Beisatz von Kuchen hinzu. Die Lieblingsspeise Kants war Kabljau. Er, versicherte mich eines Tages, als er schon vollig gesättigt war; daß er noch mit vielem Appetit einen tiefen Teller mit Kabljau zu sich nehmen könnte.«[83]

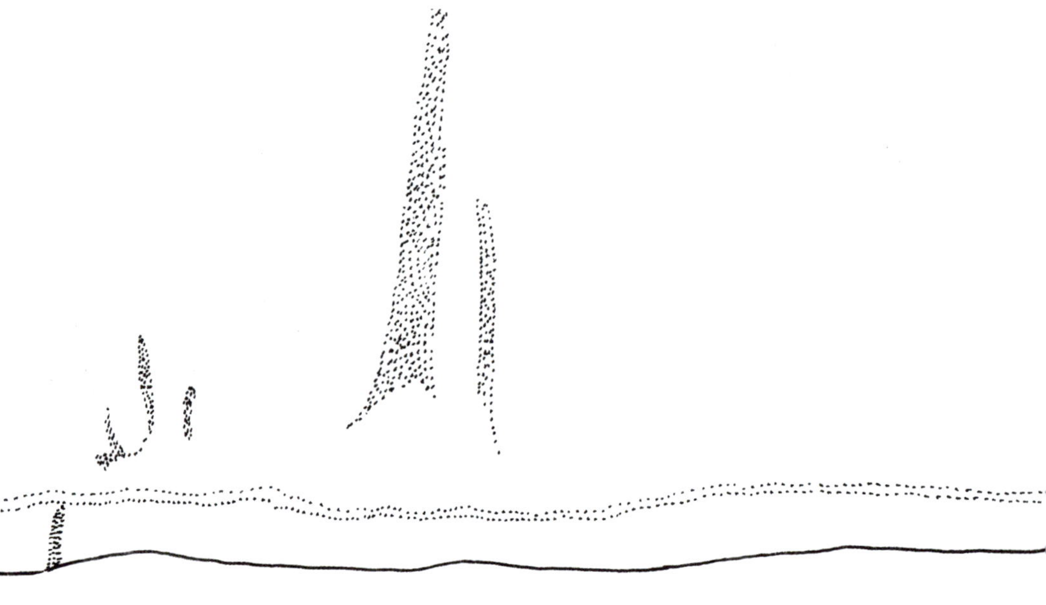

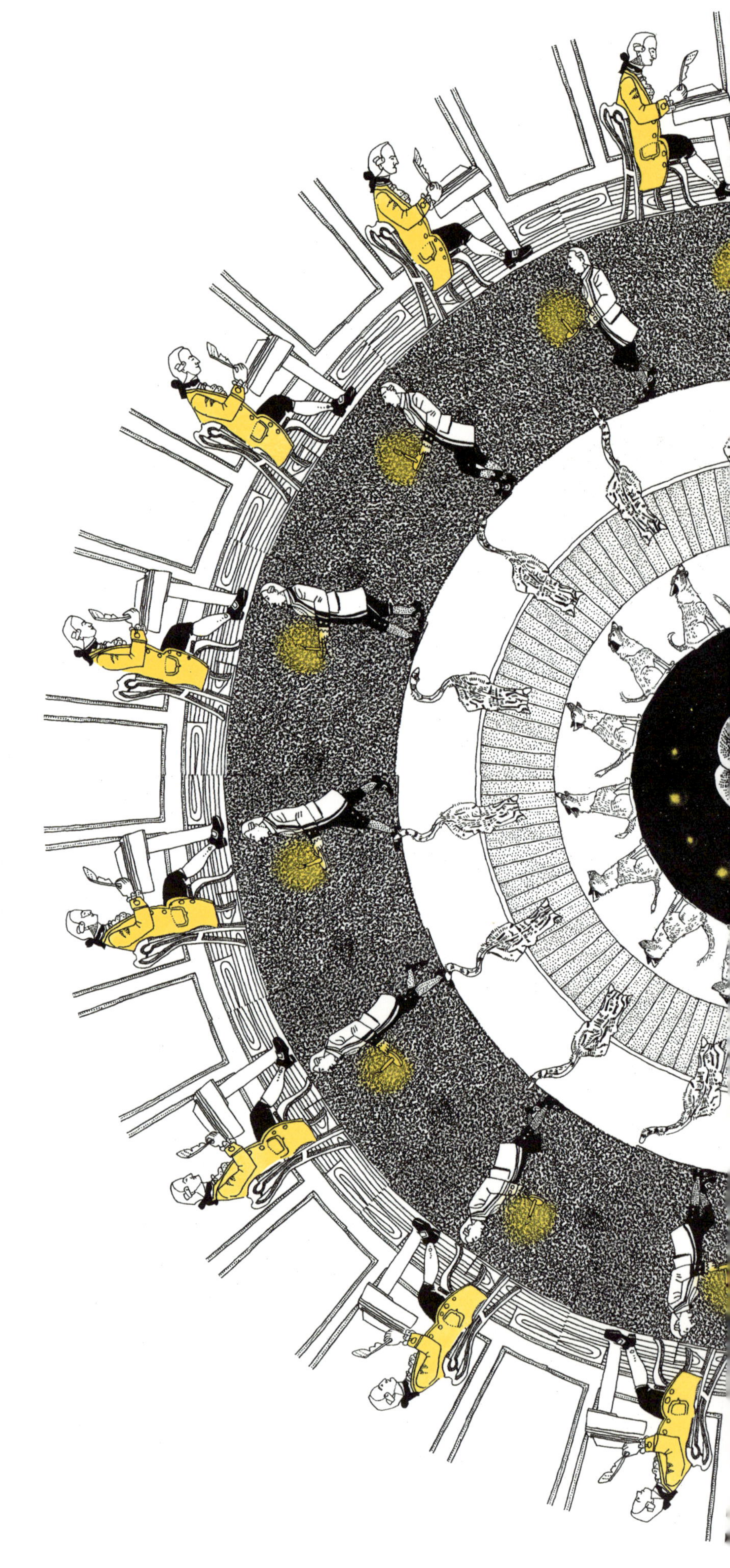

Kants geregelter Tagesablauf in den 1780ern

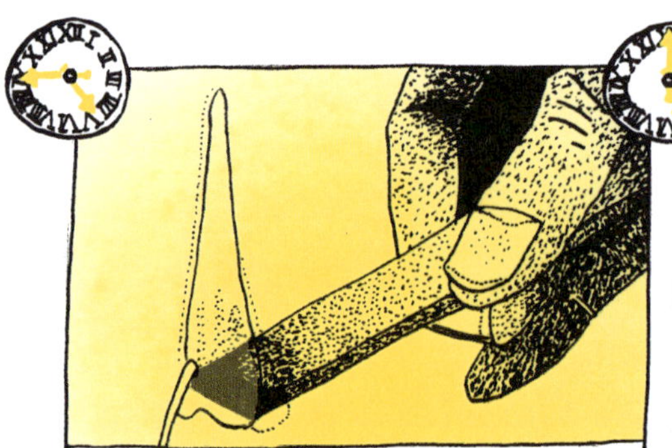

4:45 Uhr: Diener Martin Lampe weckt Kant mit den Worten: »Es ist Zeit!«[84]

5 Uhr: Im gelblichen Schlafrock, mit rotseidener Binde, Schlafmütze, über die er noch ein kleines dreieckiges Hütchen setzte …

… in seine Studierstube, Tee und Pfeife – Gedanken schweifen lassen.[85] »Ja, dies ist eine meiner glücklichsten Zeiten […] hier bin ich noch nicht angestrengt,

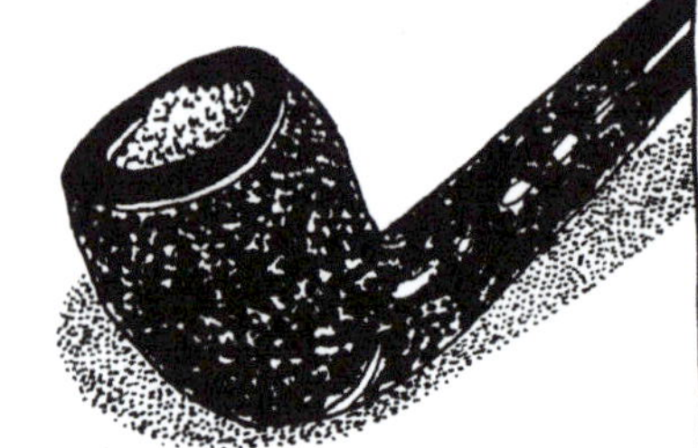

ich sammle mich nach und nach, und am Ende geht auch während dieser Zeit hervor, was und wie ich den Tag über arbeite.«[86]

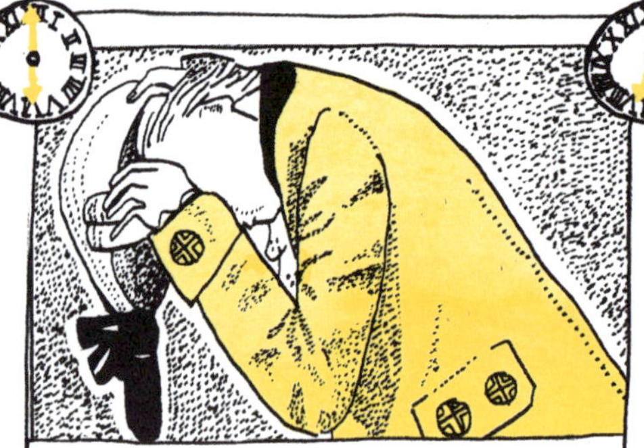

6–7 Uhr: Vorbereitung …

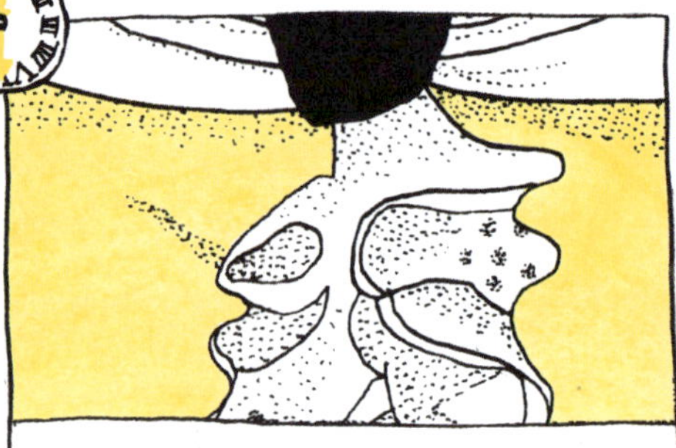

… auf Vorlesungen.

7–10 Uhr: Vorlesungen.

10–12 Uhr: Wieder in Schlafrock und Pantoffeln, Arbeit an seinen Schriften.[87]

12:45: Mittag – zu Tisch oder eigene Tischgesellschaft …

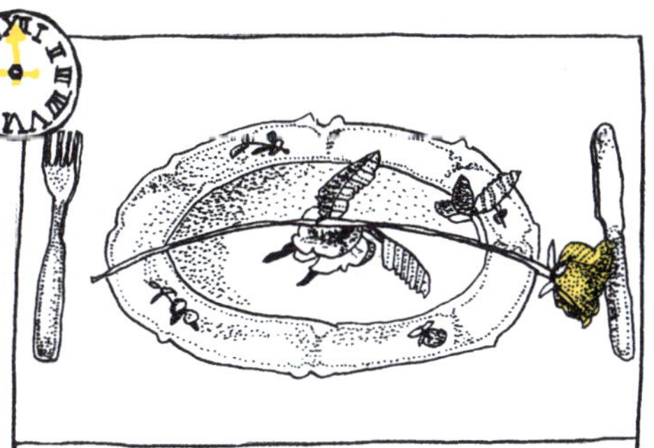

… »Es ist dreiviertel«,[88] woraufhin das Essen serviert wird.

… Tischgespräche.

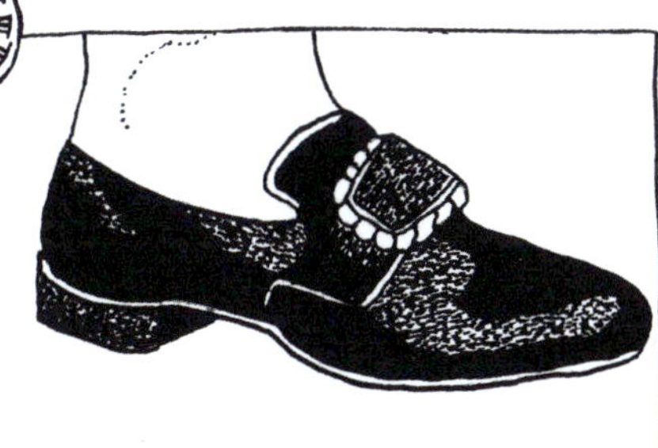

16 Uhr: Spaziergang, »philosophischer Gang«. Kants »Lieblingsweg ging nach der heute nicht mehr bestehenden, an der linken Pregelseite hübsch gelegenen Feste Friedrichsburg.«[89]

»Er führte über einen Damm, der, im Viereck angelegt, auf seinen verschiedenen Seiten von der Festung und von den Gärten, Weiden, Häuser- und

Speicherreihen der Vorderen Vorstadt umgeben war, während er seinerseits große, im Frühjahr und Herbst mit Wasser bedeckte Wiesen einschloß«.[90]

»Merkte er, daß Schweiß im Anzuge war, so blieb er, womöglich im Schatten, stehen, als warte er auf jemand, der Schweiß ging dann wieder zurück.«[91]

»Bei trübem Wetter trug er einen einfachen blauen Regenrock, wenig darum bekümmert, daß man ihn darin eher für einen einfachen Königsberger Bürgersmann hielt, als für den großen Gelehrten.«[92]

17 Uhr: Lesen im Studierzimmer …

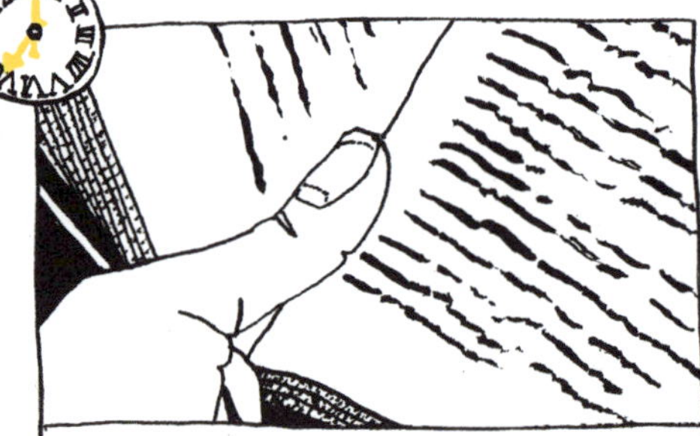

… Reisebeschreibungen, häusliche Geschäfte.

Dämmerung bis 22 Uhr: ungestörtes Nachsinnen.

22 Uhr: »Ich gehe gewöhnlich mit einer, nicht schweren Idee zu Bette, und mit dieser schlafe ich ein. Ich kann aber auch meiner Phantasie mich übergeben:

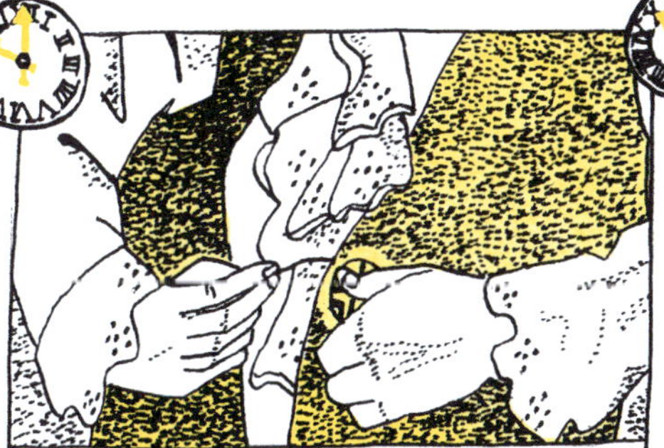

aber dann macht sie mir eine schlaflose Nacht. Indeßen kann ich ihr auch oft einen Streich spielen.‹«[93]

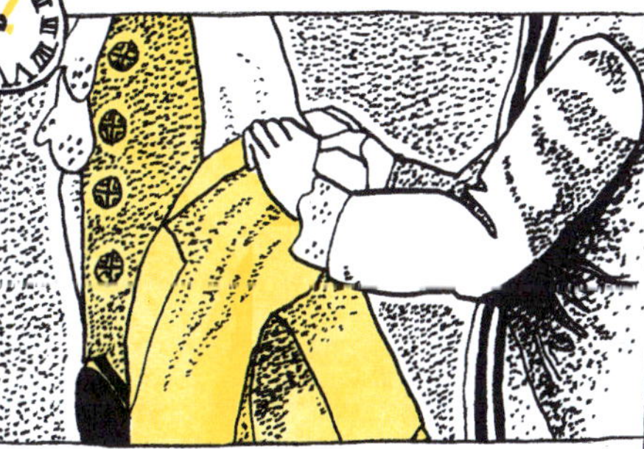

»Beym Schlafengehen setzte er sich erst ins Bett, schwang sich mit Leichtigkeit hinein, zog den einen Zipfel der Decke über die eine Schulter unter dem Rücken durch bis zur

andern und durch eine besondere Geschicklichkeit auch den andern unter sich, und dann weiter bis auf den Leib. So emballirt und gleichsam wie ein Cocon eingesponnen,

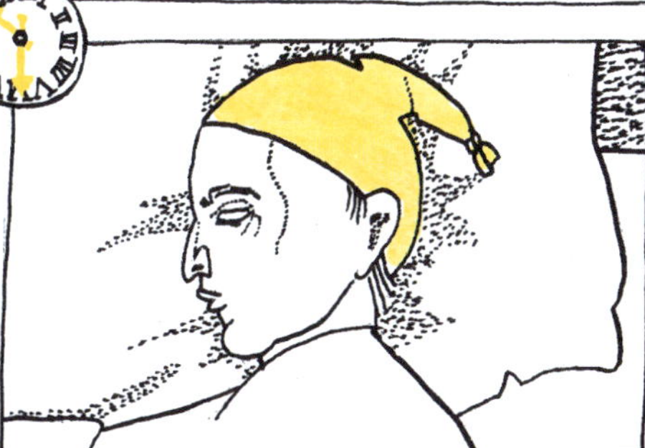

erwartete er den Schlaf.«[94]

Wohleingerichtet

Ehregott Wasianski wusste von ganz unterschiedlichen Episoden aus dem Leben Kants zu berichten. In seiner biografischen Schrift schildert er: »Kant hatte in einem kühlen Sommer, in dem es wenig Insekten gab, eine Menge Schwalbennester am großen Mehlmagazin am Lizent wahrgenommen, und einige Jungen auf dem Boden zerschmettert gefunden. Erstaunt über diesen Fall wiederholte er mit höchster Achtsamkeit seine Untersuchung, und machte eine Entdeckung, wobey er Anfangs seinen Augen nicht trauen wollte, daß die Schwalben selbst ihre Jungen aus den Nestern würfen. Voll Verwunderung über diesen Verstandähnlichen Naturtrieb, der die Schwalben lehrte, beym Mangel hinlänglicher Nahrung für alle Jungen, einige aufzuopfern, um die übrigen erhalten zu können, sagte dann Kant: ›Da stand mein Verstand stille, da war nichts dabey zu thun, als hinzufallen und anzubeten;‹ dieß sagte er aber auf eine unbeschreibliche und noch viel weniger nachzuahmende Art. Die hohe Andacht, die auf seinem ehrwürdigen Gesichte glühte, der Ton der Stimme, das Falten seiner Hände, der Enthusiasmus, der diese Worte begleitete, alles war einzig.«[95]

Ehregott Andreas
Christoph Wasianski

Von Freiheit, Willensethik und Hoffnung

Was soll ich tun?

Friedrich Schiller schreibt am 18. Februar 1793 in einem Brief an seinen Freund und Förderer Christian Gottfried Körner (1756–1831):»Es ist gewiß von einem sterblichen Menschen kein größeres Wort noch gesprochen worden als dieses Kantische, was zugleich der Inhalt seiner ganzen Philosophie ist: Bestimme Dich aus Dir selbst!«

In einem Brief vom 13. Juli 1788 empfiehlt der Schriftsteller Jean Paul (1763–1825) einem Freund: »Kaufen Sie sich ums Himmels willen zwei Bücher, Kants Grundlegung zu einer Metaphysik der Sitten und Kants Kritik der praktischen Vernunft. Kant ist kein Licht der Welt, sondern ein ganzes strahlendes Sonnensystem auf einmal.«

Jean Paul

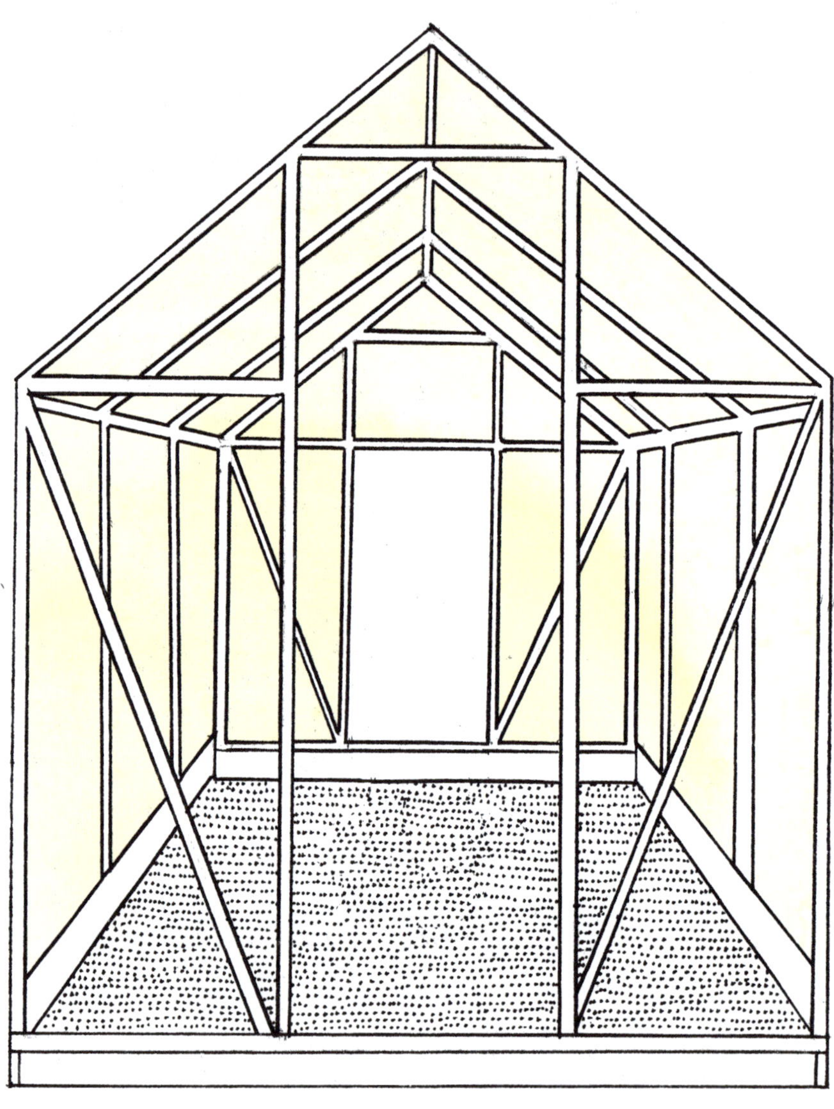

Ursache und Wirkung oder doch mehr?

Der englische Chemiker Robert Boyle (1627–1691) verglich im 17. Jahrhundert das Universum mit einem Uhrwerk: Gott habe das Universum mit seinen Gesetzen so geschaffen, wie ein Uhrmacher eine perfekte Uhr. Wie eine solche Uhr läuft das Universum unerbittlich nach dem Willen der göttlichen Vorsehung ab. Und der Mediziner und Philosoph Julien Offray de la Mettrie (1709–1751) sah den Menschen als eine bloße Maschine. Wäre der Mensch aber lediglich eine Apparatur, die nach einem vorgegebenen Programm funktionierte, so gäbe es keine freien Entscheidungen. Und lebte dieser Mensch in einer Welt, die abliefe wie ein Uhrwerk, so stellte sich die Frage »Was sollen wir tun?« gar nicht.

In der *Kritik der reinen Vernunft* von 1781 zeigt Kant, dass Freiheit gedacht werden kann, ohne mit wissenschaftlichen Erkenntnissen in Widerspruch zu geraten. Weiter jedoch kommt die theoretische Vernunft nicht. In der 1788 erschienenen *Kritik der praktischen Vernunft* zeigt Kant aber, dass der Mensch als Handelnder einem Sittengesetz verpflichtet ist, das ihm sagt, was er tun und lassen soll. Dass es ein solches Sittengesetz gibt, zeigt in praktischer Hinsicht, dass wir einen freien Willen haben.

Das Sittengesetz verpflichtet uns kategorisch, ohne Wenn und Aber. Es wird nicht von außen vorgeschrieben. Vielmehr gibt sich die Vernunft den kategorischen Imperativ selbst. Er fordert uns auf, nicht unsere Neigungen, Wünsche und unser Glück, sondern unsere Vernunft zum Maßstab unseres Handelns zu nehmen. Allein aus Achtung vor diesem Gesetz folgen wir diesem, nicht weil wir uns Erfolg, Ansehen oder etwas Dergleichen hiervon versprechen. In dieser Freiheit liegt die Würde eines jeden Menschen begründet.

Die dritte Antinomie

Versucht die Vernunft auf die Frage nach Freiheit eine Antwort zu finden, so gerät sie mit sich selbst in Widerspruch. Wird die Kette von Ursache und Wirkung als Ganzes in den Blick genommen, stehen sich zwei widerstreitende Thesen begründet gegenüber:

These	Antithese
Alles unterliegt durchgängiger Bestimmung. Alles, was geschieht, hat eine Ursache, warum es geschieht (Determinismus). Gäbe es keine Ursache, geschähe nichts.	Es gibt die Möglichkeit, aus Freiheit etwas neu zu beginnen. Gäbe es keine Freiheit, würde die Ursachenkette ins Unendliche zurückgehen, und ohne erste Ursache geschähe nichts.

Kant löst diesen Widerspruch in der »dritten Antinomie« in der *Kritik der reinen Vernunft* auf. Die »Kausalität« bleibt als Verstandeskategorie auf den Bereich menschlichen Erkennens beschränkt. Jenseits unserer Erkenntnisfähigkeit ist Freiheit aber zumindest denkbar. Wir sehen uns dann nicht nur als Naturwesen (Phänomenon), sondern auch als Glieder einer Verstandeswelt (Noumenon).

Freiheit – ein schwieriger Begriff

Kants Freiheitsbegriff geht über den Begriff einer Handlungsfreiheit hinaus. Im Handeln bin ich frei, wenn ich von anderen nicht daran gehindert werde, etwas zu tun (etwa aufzustehen, weil mich jemand an einen Stuhl gefesselt hat). Frei zu sein bedeutet aber nicht nur eine Handlung ungehindert ausführen zu können, sondern darüber hinaus die Handlung auch ausführen zu wollen: Willensfreiheit. Wann aber ist der menschliche Wille frei?

Aspekte der Willens(un)freiheit:

- Freiheit ≠ Willkür
  Willkür würde bedeuten, sich dem freien Spiel der Neigungen und Wünsche hinzugeben. Man wäre dann Spielball seiner Neigungen und Begierden, ein Fähnchen im Wind.

- Freiheit ≠ Marionette am Gängelband des Charakters (innere Nötigung)
  Würden wir nur unserem inneren Programm folgen, so spulten wir einfach mechanisch einen Plan ab. Freiheit wäre dann, wie Kant sagt,

> » *im Grunde nichts besser, als die Freiheit eines Bratenwenders sein, der auch, wenn er einmal aufgezogen worden, von selbst seine Bewegungen verrichtet.*[96]

- Freiheit = bewusste und regelgeleitete Lebensführung
  Für Kant ist Freiheit ohne Gesetzmäßigkeit nicht möglich. Wir müssen uns selbst Regeln geben (Autonomie), nach denen wir unser Leben gestalten.

Die kantische Willensethik

In der Ethik Kants steht der (gute) Wille im Zentrum. Bis zu diesem Zeitpunkt hing die moralische Qualität einer Handlung vor allem von der ethischen Qualität des Handlungsziels ab: Eine Handlung galt als gut, wenn das durch sie Erstrebte gut ist (Strebensethik). Da es bei Kant nicht mehr die Qualität des Erstrebten ist, die eine Handlung zu einer guten Handlung macht, kann es nur der Wille sein, der hinter einer Handlung steht (Willensethik).

In seinem Werk *Grundlegung zur Metaphysik der Sitten* von 1785 schreibt Kant:

> » *Es ist überall nichts in der Welt, ja überhaupt auch außer derselben zu denken möglich, was ohne Einschränkung für gut könnte gehalten werden, als allein ein guter Wille.*[97]

Engel brauchen keine Moral

Engel handeln immer gut. Sie können nicht anders, als sich nach ihrer Vernunft zu richten. Menschen dagegen werden nicht allein von ihrer Vernunft geleitet. Sie lassen sich verführen, verfolgen Eigeninteressen und dergleichen. Dies mag menschlich sein. Die Moral aber gibt eine Richtschnur vor, an der sich unser Handeln orientieren sollte: Jeder Mensch soll sich an einer für alle Menschen gleichermaßen gültigen Ethik ausrichten (Universalismus). Er soll nicht nur seinen eigenen Bedürfnissen und Wünschen nachgehen (allesamt hypothetische Imperative) und auch keinem anderen blind gehorchen. Der Mensch ist aufgefordert, seinem eigenen Willen – und das heißt dem kategorischen Imperativ – zu folgen.

Das oberste Moralgesetz: der kategorische Imperativ

»Wenn du x willst, dann tue y!« Solche Sollenssätze bezeichnet Kant als hypothetische Imperative. Sie sind nur dann verpflichtend, wenn ich das Ziel x auch verfolge. Es ist klug, sich der Mittel zu bedienen, mit denen ich meine Ziele erreichen kann. Welche Ziele der Einzelne verfolgt, kann dabei sehr unterschiedlich sein, sodass kein Mittel jedem angeraten werden kann. Kant war nun aber in seiner 1785 publizierten Schrift *Grundlegung zur Metaphysik der Sitten* auf der Suche nach dem »obersten Prinzip der Moralität«,[98] dem alle Menschen verpflichtet sind, ganz unabhängig von ihren verschiedenen Zielen, Neigungen und Wünschen. Das Moralprinzip muss darum ein kategorischer, nicht hypothetischer Imperativ sein. Der kategorische Imperativ darf keine Zielvorgaben enthalten, da diese ja immer verschiedentlich ausfallen können. Darum bleibt als Kandidat für den kategorischen Imperativ nur noch die bloße Form regelgeleiteten Handelns.[99]

Der kategorische Imperativ lautet darum:

» *[H]andle nur nach derjenigen Maxime durch die du zugleich wollen kannst, daß sie ein allgemeines Gesetz werde.*[100]

In der 1788 publizierten *Kritik der praktischen Vernunft* (§7) formuliert Kant den kategorischen Imperativ dann wie folgt:

» *Handle so, daß die Maxime deines Willens jederzeit zugleich als Prinzip einer allgemeinen Gesetzgebung gelten könne.*[101]

Jeder hat dieses Moralgesetz in sich. Es entstammt der Vernunft, die jedem Menschen, unabhängig von Bildung und Status, gegeben ist. Jeder legt sich somit den kategorischen Imperativ als oberste moralische Regel selbst auf (bewusst oder unbewusst). Diese Regel wird uns nicht von außen vorgeschrieben. Deswegen bezeichnet Kant unsere Freiheit als Autonomie (altgriechisch αὐτός, autos, für »selbst«, und νόμος, nomos, für »Gesetz«; also Selbstgesetzgebung).

Kants moralphilosophischer Gedanke der Selbstgesetzgebung, Autonomie, geht auf Rousseaus Hauptwerk *Vom Gesellschaftsvertrag oder Grundsätze des Staatsrechts* aus dem Jahr 1762 zurück: Hier schreibt Rousseau, dass der Gehorsam gegen das selbstgegebene Gesetz Freiheit sei.[102]

Irrtümer über den kategorischen Imperativ

- Kant hat den kategorischen Imperativ nicht erfunden. Er hat ihn beim Menschen vorgefunden und aus dem Verständnis der Menschen von Pflicht abgeleitet.

- Der kategorische Imperativ ist nicht inhaltsgleich mit der sogenannten Goldenen Regel, die in allen Religionen zu finden ist und deren kulturübergreifende Handlungsanweisung lautet: »Was du nicht willst, das man dir tu, das füg auch keinem andern zu.« Bereits Kant weist darauf hin, dass die Goldene Regel nicht die schuldigen Pflichten gegeneinander (zum Beispiel Rollenwechsel Angeklagter/Kläger), nicht die Pflichten gegen sich selbst und nicht die Liebespflichten gegenüber anderen enthält. Bei der Goldenen Regel ist die maßgebliche Perspektive das Nützliche und Wünschenswerte. Alle durch die Goldene Regel bestimmten Handlungen fallen unter das Prinzip der eigenen Glückseligkeit und nicht der Moral.

- Der kategorische Imperativ ist nicht inhaltsleer. Er fordert uns auf, gemäß unserer Vernunft zu handeln und von unseren Neigungen als Bestimmungsgrund abzusehen. Er ist ein Prüfkriterium, mit welchem sich konkrete Handlungsregeln bewerten lassen.

- Mit dem kategorischen Imperativ können nicht alle möglichen Handlungen zum sittlichen Gebot erhoben werden. Sein linkes Schuhband zuerst zuzubinden ist nach dem kategorischen Imperativ keine sittliche Pflicht, da es sich um keine Maxime (Handlungsregel) handelt.

- Der kategorische Imperativ achtet nicht nur auf den Willen und lässt die Folgen des Handelns außer Acht. Von den Folgen wird nur insoweit abgesehen, als diese nicht Bestimmungsgrund der moralischen Handlung sein dürfen.

- Der kategorische Imperativ hat nichts mit dem negativ konnotierten Begriff von einem preußischen Pflichtgefühl zu tun. Verpflichtet bin ich einem mir selbst gegebenen Gesetz, nicht einem von außen auferlegten Gebot, dem ich gehorchen soll.

- Der kategorische Imperativ ist ein rigoristisches Prinzip. Als negatives Prinzip sagt er aber nicht, was zu tun ist. Es bleibt ein Handlungsspielraum.

Berühmt geworden ist Hannah Arendts (1906–1975) Ausspruch: »Kein Mensch hat bei Kant das Recht zu gehorchen.«[103]

Das Verbot zu lügen

Eine Maxime (Handlungsregel) ist dann ethisch unhaltbar, wenn ihre Überprüfung anhand des kategorischen Imperativs zu Widersprüchen im Denken führt oder zu einem Ergebnis, welches nicht gewollt werden kann. Ein berühmtes Beispiel für einen Denkwiderspruch ist die von Kant angeführte Maxime, zu lügen, wenn es einem zum Vorteil gereicht.

Was passiert, wenn ich eine solche Regel, immer dann zu lügen, wenn es mir nützt, zu einem Gesetz erhebe? Was passiert, wenn jeder wie Pinocchio eine lange Nase bekäme beim Lügen und nun alle Menschen mit einer langen Nase ausgestattet wären? Würde es sich dann noch lohnen, zu lügen?

Schnell wird deutlich, dass die Regel (Maxime) nicht widerspruchsfrei zum Gesetz erhoben werden kann, da dann keiner mehr einem anderen glauben würde. Erfolgreich lügen setzt aber voraus, dass sich jemand belügen lässt. Die Prüfung zeigt also, dass das Lügenverbot ein kategorischer Imperativ ist. Er ist aus dem kategorischen Imperativ als Prüfkriterium abgeleitet.

Ob eine Notlüge im Rahmen der kantischen Ethik erlaubt sei, ist in der philosophischen Diskussion umstritten. Jedenfalls zeigt Kant, dass man sich mit einer Notsituation nicht zu schnell herausreden sollte.

Vom Wert und von der Würde

»Handle so, daß du die Menschheit, sowohl in deiner Person, als in der Person eines jeden andern, jederzeit zugleich als Zweck, niemals bloß als Mittel brauchest.«[104] Mit dieser Umformulierung des kategorischen Imperativs in der *Grundlegung zur Metaphysik der Sitten* von 1785 zielt Kant auf die Würde des Menschen als eines sittlichen Wesens ab.

Wie Kant feststellt, ist es allein der Mensch, der eine »Würde« und keinen »Wert« hat. Der Zusatz »niemals bloß« zeugt von Realismus. Selbstverständlich bedienen wir uns auch anderer Menschen, um eigene Ziele zu erreichen, beispielsweise bei der Erwerbsarbeit, aber sie ausschließlich zu unserem Vorteil einzusetzen und auszunutzen, wie etwa bei der Sklavenarbeit, widerspricht der Würde des Menschen.

Glück ist überschätzt

Letztlich streben alle Menschen danach glücklich zu sein, ein zufriedenes Leben zu führen. Was aber Glück ist, darüber gibt es sehr unterschiedliche Meinungen. Es bleibt jedem unbenommen, seinem Glück nachzujagen, aber nicht um jeden Preis. Wenn wir uns fragen, was wir tun sollen, kommt es nicht darauf an, glücklich zu sein oder zu werden. Vielmehr kommt es darauf an, sich als »glückswürdig« zu erweisen, indem das moralisch Gebotene getan wird.

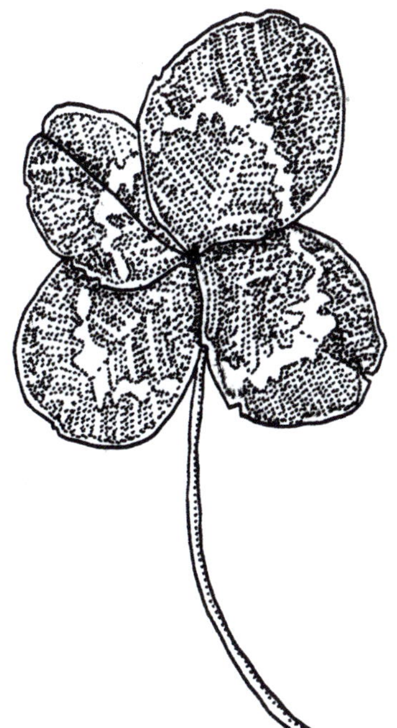

Schillers Kritik der kantischen Ethik

Moralisches Handeln muss nach Immanuel Kant allein aus Pflicht, das heißt aus Achtung vor dem kategorischen Imperativ motiviert sein. Friedrich Schiller sieht in diesem kantischen Pflichtbegriff eine Verkürzung moralischen Handelns, da das Mitgefühl oder die Nächstenliebe keine Rolle spielen. Diese Kritik hat Schiller in einem Zweizeiler auf den Punkt gebracht:

Gewissensscrupel

»Gerne dien ich den Freunden, doch thu ich es leider mit Neigung,
Und so wurmt es mir oft, daß ich nicht tugendhaft bin.«[105]

Schiller fordert die Einheit zwischen Vernunft und Sinnlichkeit in der »schönen Seele« und sucht eine Harmonie zwischen Neigung und Pflicht.

Kant selbst sah keinen Widerspruch zu Schillers Überlegungen. Wird die Achtung noch durch andere positive Gefühle oder Charakterzüge begleitet, tut dies dem ethischen Antrieb keinen Abbruch.

Friedrich Schiller

Recht und Moral – ein Staat von Teufeln

Anders als die Moral kümmert sich das Recht nicht so sehr um die inneren Beweggründe des Handelns. Im Recht geht es darum, dass das äußere Handeln eines jeden nicht die Freiheit anderer einschränken sollte. Das oberste Rechtsprinzip, wie Kant es in seiner Schrift *Die Metaphysik der Sitten* von 1797/98 formulierte, lautet:

> » *[...] handle äußerlich so, daß der freie Gebrauch deiner Willkür mit der Freiheit von jedermann nach einem allgemeinen Gesetz zusammen bestehen könne.*[106]

Hierfür spielt – anders als in der Moral – der innere Bestimmungsgrund zum Handeln keine Rolle. Man kann auch aus egoistischen Antrieben heraus, etwa um selbst nicht beständig in Gefahr zu leben, für Recht und Gesetz einstehen. Deswegen fordert Kant in seinem Werk *Zum ewigen Frieden* von 1795, dass auch für ein Volk von Teufeln ein Rechtsstaat möglich sein muss.[107] Oder anders ausgedrückt: Auch ein Volk von Teufeln und Egoisten braucht Recht und Gesetz, um (voreinander) sicher miteinander leben zu können.

Französische Revolution

Äußere Ursachen (Niederlagen im Spanischen Erbfolgekrieg) und innere Gründe (Auswüchse der absolutistischen Monarchie, die sich auf Privilegien der Geistlichkeit und des Adels stützte, Reformunfähigkeit, Armut der bürgerlichen und ländlichen Bevölkerung) führten 1789 in Frankreich und schließlich in ganz Europa zu revolutionären Erhebungen. Das Volk nahm sein Schicksal selbst in die Hand und kämpfte für Freiheit, Gleichheit und Brüderlichkeit.

Immanuel Kant sah sowohl die Grausamkeiten, die im Namen der Revolution begangen wurden, als auch den Fortschrittsgedanken für die moderne Welt, der dem Freiheitskampf innewohnte, und schrieb in seiner Abhandlung *Der Streit der Fakultäten in drei Abschnitten* von 1798:

> » *Die Revolution eines geistreichen Volks, die wir in unseren Tagen haben vor sich gehen sehen, mag gelingen oder scheitern; sie mag mit Elend und Greueltaten dermaßen angefüllt sein, daß ein wohldenkender Mensch sie, wenn er sie, zum zweitenmale unternehmen, glücklich auszuführen hoffen könnte, doch das Experiment auf solche Kosten zu machen nie beschließen würde – diese Revolution, sage ich, findet doch in den Gemütern aller Zuschauer (die nicht selbst in diesem Spiele verwickelt sind) eine Teilnehmung dem Wunsche nach, die nahe an Enthusiasm grenzt, und deren Äußerung selbst mit Gefahr verbunden war, die also keine andere als eine moralische Anlage im Menschengeschlecht zur Ursache haben kann.*[108]

Für Kant war die Französische Revolution ein »Geschichtszeichen«, welches uns auf Fortschritt in der Geschichte hoffen lässt. Ohne diese Hoffnung laufen wir Gefahr, uns mit dem unbefriedigenden Istzustand zu begnügen und die Mühen zu scheuen, die Welt (weiter) zu verbessern.

Recht zwischen Staaten

Wie kann das friedliche Zusammenbestehen von Staaten gedacht werden? Diese Frage ist schwierig zu beantworten. Die Einhaltung bestimmter Rechtsregeln kann nicht erzwungen werden, wie dies im Rahmen des staatlichen Gewaltmonopols eines konkreten Staates der Fall ist. In der Schrift *Zum ewigen Frieden* von 1795 entwirft Kant auf philosophischer, nicht rechtlicher, Basis mögliche Bedingungen für einen zwischenstaatlichen Frieden. Er wählt dafür die Form eines damals üblichen Friedensvertrags, sodass seine Schrift einen Vertrag aller Friedensverträge darstellt. Hier wird Frieden nicht als Abwesenheit von Krieg gesehen. Frieden ist historisch eher ein Ausnahmezustand und muss aktiv erarbeitet werden. Frieden ist nicht Waffenstillstand oder ein eingefrorener Konflikt, der zur Vorbereitung für einen nächsten möglichen Krieg dient. Frieden muss durch Verrechtlichung gestiftet werden. Hierzu bedarf es des Miteinanders republikanisch verfasster Staaten, die ein Völkerrecht und in langer Sicht ein Weltbürgerrecht entwickeln.

Mit Kants Idee von einem Völkerbund, in dem sich die Staaten verpflichten, wechselseitig ihre Freiheit und Souveränität zu respektieren und zu schützen, legte er das Fundament zur Gründung der Vereinten Nationen.

Was darf ich hoffen?

In der *Allgemeinen Naturgeschichte und Theorie des Himmels* von 1755 führt Kant aus, der Mensch

> »*würde auch das verachtungswürdigste unter allen [...] sein, wenn die Hoffnung des Künftigen ihn nicht erhübe, und den in ihm verschlossenen Kräften nicht die Periode einer völligen Auswickelung bevorstände.*[109]

Dürfen wir hoffen, in der Geschichte der Menschheit den ewigen Frieden erreichen zu können? Dürfen wir darauf hoffen, dass dieser Zustand sich in der Geschichte realisiert? Und dürfen wir hoffen, dass moralisches Handeln, durch das wir uns als glückswürdig erweisen, schließlich auch zu unserem Glück beitragen kann?

Kant hat in seiner praktischen Philosophie gezeigt, dass es darauf ankommt, sich als glückswürdig zu erweisen. Nun verlangen wir aber für gutes Handeln Lohn und für schlechtes Handeln Strafe. Von einem gerechten Ausgleich kann in dieser Welt aber in der Regel keine Rede sein. Wir müssen daher einen Gott annehmen, der diesen Ausgleich »in the long run« (Unsterblichkeit der Seele) herbeiführen wird. Gottes Existenz, als »höchstes Gut«, welches die Übereinstimmung von Glückswürdigkeit und Glückseligkeit herbeiführt, ist also ein Postulat, kein Wissen, sondern eine Forderung des Menschen aus seiner Existenz als ein sittliches Wesen heraus.

In der *Kritik der Urteilskraft* von 1790 deutet Kant an, wie die Naturgesetze und das Freiheitsgesetz zusammengedacht werden können. Kant sieht in der Kunst (schöpferische Kraft des Menschen), im Naturschönen (»Chiffreschrift der Natur«) und im Erhabenen Zeichen, dass wir in dieser Welt nicht ganz fremd bleiben. Und im Gang der Menschheitsgeschichte finden sich »Geschichtszeichen«, Aspekte, die Anlass zur Hoffnung auf Fortschritt zum Besseren hin geben.

Auszug aus dem Paradies

Wenn wir unsere Persönlichkeit und unser Leben frei gestalten wollen, dann richtet sich unser Blick zwangsläufig auch auf unsere Zukunft. Nach dem verheerenden Erdbeben von Lissabon im Jahr 1755 wurde der Leibniz-Popesche Optimismus, der besagt, dass dies die beste aller möglichen Welten sei (leibnizsche Theodizee), grundsätzlich infrage gestellt.

Gott wurde aus der Verantwortung für den Zustand dieser Welt entlassen. Es ist nun die Aufgabe des Menschen, die Welt zu gestalten, wodurch er zum Subjekt der Geschichte wird.

Bei Immanuel Kant hat das Paradies als eine Art Schlaraffenland ausgedient. Die dort herrschende Untätigkeit und der daraus folgende Stillstand geben keine Impulse zum Handeln.

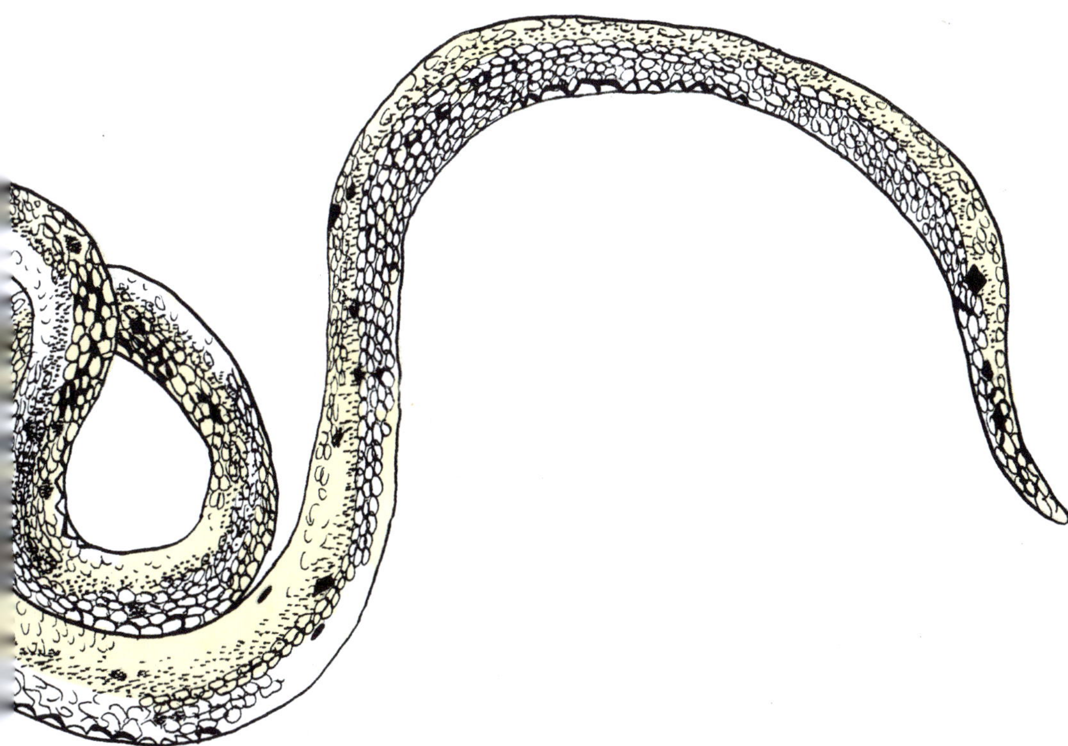

Zum Ende

Zettelwirtschaft

Im Januar 1802 entließ Kant seinen jahrelangen Diener Martin Lampe. Den Grund dafür wollte er selbst seinem Biografen Ehregott Wasianski nicht nennen und bestand auf Lampes sofortiger Entlassung. »Gewöhnlich schreibt man sich auf, was man nicht vergessen will; aber Kant schrieb in sein Büchelchen: der Name Lampe muß nun völlig vergessen werden.«[110] In seinem Notizbüchelchen hielt Kant fest:[111]

»Stickstoffsäure ist eine bessere Benennung, als Salpetersäure.«

»Requisita des Gesundseyns.«

»Clerici, Laici. Jene Regulares, diese Seculares.«

»Von der ehemaligen Belehrung meiner Schüler, Schnupfen und Husten gänzlich zu verbannen (Respiration durch die Nase).«

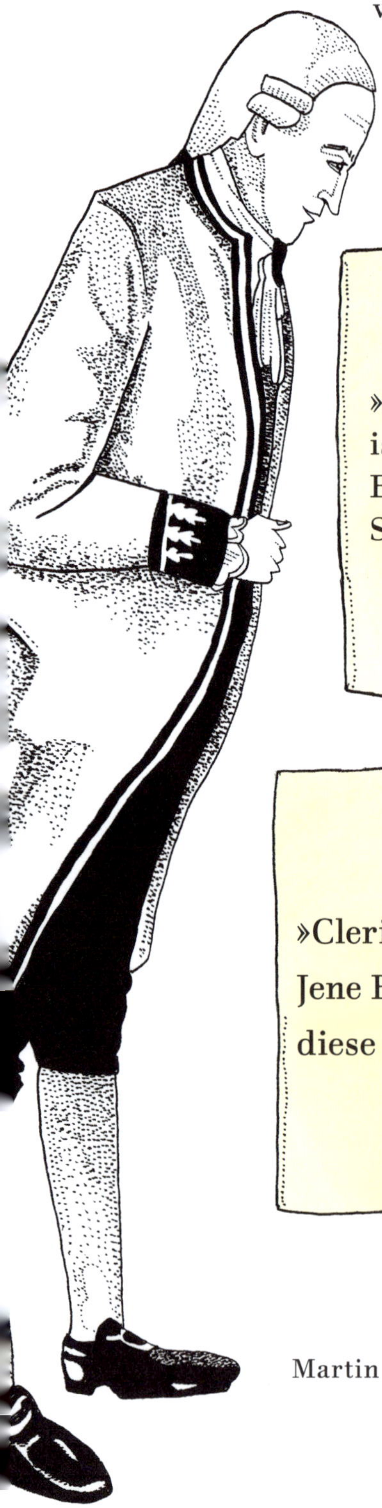

Martin Lampe

»Das Wort Fußstapfen ist falsch; es muß heißen Fustappen.«

»Aehnlichkeit des Frauenzimmers mit einem Rosenknöspchen, einer aufgeblühten Rose und einer Hagebutte.«

»Der Stickstoff Azote ist die säurefähige Basis der Salpetersäure.«

»... der Name Lampe muß nun völlig vergessen werden.«

»Der Winterpflaum (Φλογος), den die Schaafe von Angora, ja sogar die Schweine haben, die in den hohen Gebirgen von Caschmir gekämmt werden, weiterhin in Indien unter dem Namen Shalws, die sehr theuer verkauft werden.«

»Vermeinte Berggeister, Nickel, Kobolt. Duroc u.s.w.«

Kleine Freuden

Wasianski berichtet, dass vor allem der ältere Kant sich zu seinem Lebensende hin hauptsächlich in seiner Studierstube aufhielt und seinen Garten selten nutzte, sodass er wenig Notiz von der Natur um ihn herum nahm und den Frühling nicht wie andere herbeisehnte. Aber ein Vogel in seinem Garten scheint ihn sehr berührt zu haben, wie Wasianski schildert: »Und diese einzige Freude, die ihm noch die Natur, bey dem sonst so großen Reichthum ihrer Reitze gewährte, war – die Wiederkunft einer Grasmücke, die vor seinem Fenster und in seinem Garten sang. Auch im freudenleeren Alter, blieb ihm diese einzige Freude noch übrig. Blieb seine Freundin zu lange aus, so sagte er: ›Auf den ›Appenninen muß noch eine große Kälte ›seyn;‹ und er wünschte dieser seiner Freundin, die entweder in eigener Person, oder in ihren Abkömmlingen ihn wieder besuchen sollte, mit vieler Zärtlichkeit eine gute Witterung zu ihrer weiten Reise.«[112]

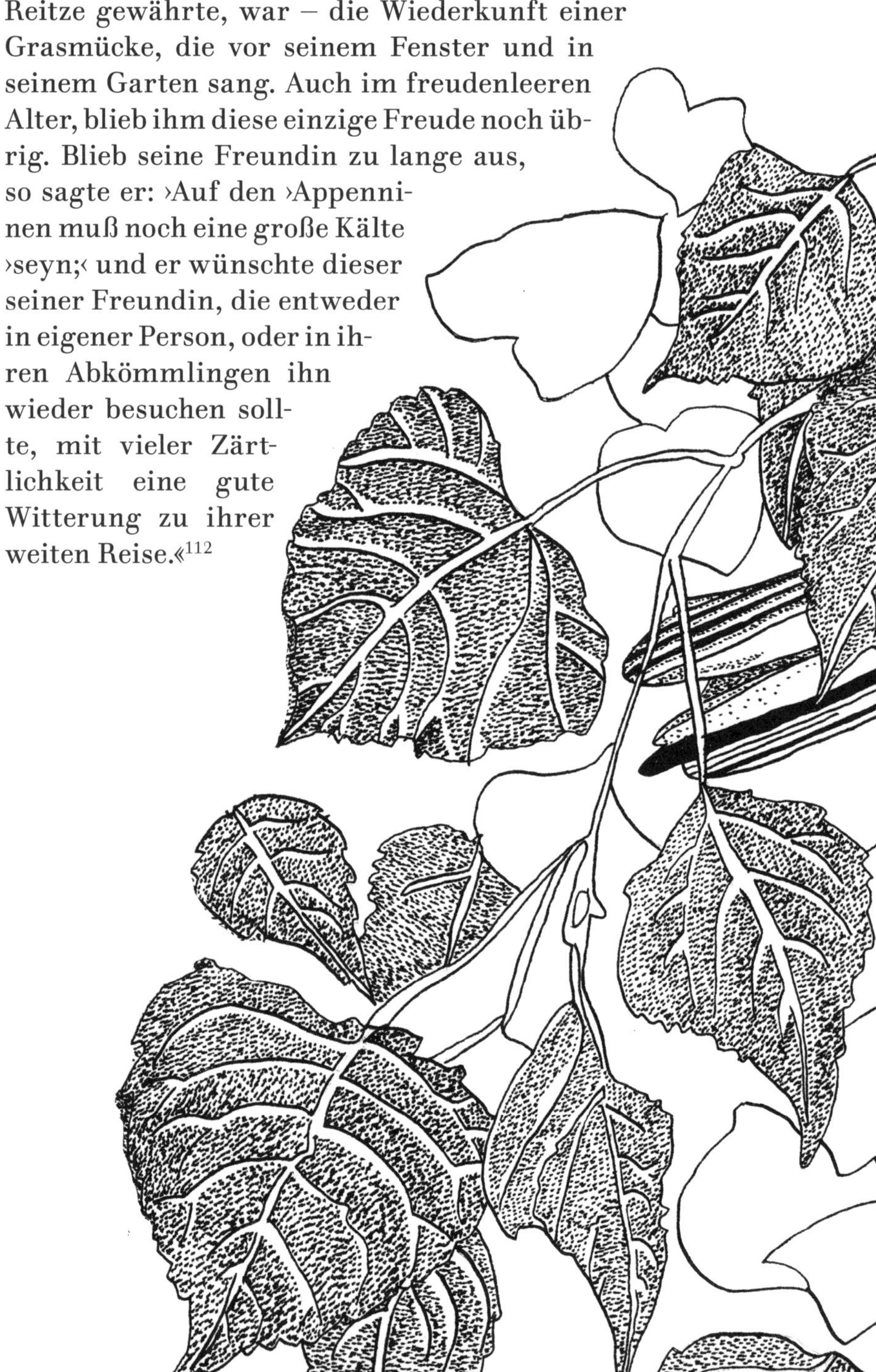

Die letzten Dinge

Etwa ein Jahr vor seinem Tod notierte Immanuel Kant, wie sein Biograf Ehregott Wasianski uns überlieferte, ein kleines Gedicht: »In sein oft benanntes Büchelchen zeichnete sich Kant unter dem 17. August folgendes Verschen ein: Ein jeder Tag hat seine Plage, hat nun der Monat dreyßig Tage, so ist die Rechnung klar, von dir kann man dann sicher sagen, daß man die kleinste Last getragen, in dir, du schöner Februar.«[113]

Nach der Versteigerung der Möbel und anderer Gegenstände aus Kants Hausrat wurden auf der Auktion aus dem Nachlass noch einige Kleinigkeiten verkauft: »[...] eine vorzügliche, ihrem bloßen Gebrauchswert nach vom Uhrmacher auf 100 Gulden geschätzte ›englische silberne, zweigehäusigte‹ Taschenuhr, eine Tabaksdose aus weißem Email, ein Brennglas und eine Brille mit Schildpattrahmen, ein paar schadhafte messingene Federn zum Strumpfhalten, ein paar goldene Ärmelknöpfe, neun silberne Eßlöffel, zwei silberne Teelöffel, einen kleinen Punschlöffel.«[114]

Was ist der Mensch?

In der *Kritik der praktischen Vernunft* von 1788 schreibt Kant:

> *» Zwei Dinge erfüllen das Gemüt mit immer neuer und zunehmenden Bewunderung und Ehrfurcht, je öfter und anhaltender sich das Nachdenken damit beschäftigt: Der bestirnte Himmel über mir und das moralische Gesetz in mir.*[115]

In seiner letzten, selbst herausgegebenen Schrift *Anthropologie in pragmatischer Hinsicht* von 1798 will Kant »pragmatisch« Hinweise zu künftigen Erfahrungen im Umgang mit Menschen geben. Er sieht im Menschen sowohl ein sinnliches als auch ein intellektuell-moralisches Wesen, dem Glückseligkeitsstreben und Sittlichkeit gleichermaßen gegeben sind.

Allerdings beantwortet Kant hier nicht die Frage nach dem Wesen des Menschen. Er interessiert sich vielmehr dafür, was der Mensch aus sich machen kann. Die drei kantischen Fragen

Was kann ich wissen?
Was soll ich tun?
Was darf ich hoffen?

sind in der übergeordneten, zusammenfassenden vierten Frage

Was ist der Mensch?

bereits enthalten und geben eine Denkrichtung vor.

Es bleibt zu hoffen, dass ein Durchgang durch Immanuel Kants philosophisches Werk dazu beitragen kann, sich dieser grundsätzlichen Frage zu stellen.

Anmerkungen

1 Aufklärung, Bd. 9, S. 59.
2 KrV, Bd. 3, S. 677.
3 Logik, Bd. 5, S. 448.
4 Aufklärung, Bd. 9, S. 53.
5 Ebd.
6 Neiman (2010), S. 139 ff.
7 Denken, Bd. 5, S. 280.
8 Lichtenberg (1968), Heft L, Aphorismus 386.
9 Blumenberg (1957).
10 Kreuzer (2016), S. 83.
11 Krünitz (1788), S. 587 und 592.
12 Vorländer (1992), S. 33 (Erstes Buch).
13 Anthropologie, Bd. 10, S. 400 (Anm.).
14 Vgl. von Baczko (1788), S. 135/136.
15 Zit. nach Reusch (1863), Abschnitt 101: Königsberger Glockensprache.
16 Zit. nach Vorländer (1992), S. 48 (Erstes Buch).
17 Pädagogik, Bd. 10, S. 699.
18 Ebd., S. 697.
19 Vorländer (1992), S. 41 (Erstes Buch).
20 Pädagogik, Bd. 10, S. 745.
21 Schiewe (1998), S. 93.
22 Bosse (2015), S. 88.
23 Zit. nach Kuhn (2003), S. 118.
24 Kräfte, Bd. 1, S. 19.
25 Jachmann (1804), S. 19.
26 Anthropologie, Bd. 10, S. 400.
27 Vorländer (1992), S. 141/142 (Zweites Buch).
28 Borowski (1804), S. 119.
29 Wasianski (1804), S. 36/37.
30 Jachmann (1804), S. 157/158.
31 Ebd., S. 108.
32 Irrlitz (2015).
33 Theorie des Himmels, Bd. 1, S. 236.
34 Ebd., S. 242.
35 Ebd., S. 379.
36 KrV A825 ff., Bd. 4, S. 691.
37 Herder (1795), S. 172–174.
38 Gottsched (1755), zit. nach Lauer/Unger (2008), S. 152.
39 Fonseca (2020).
40 Erdbeben, AA, Bd. 1, S. 459 f.
41 Ebd., S. 461.
42 Vorländer (1992), S. 120 (Zweites Buch).
43 Ebd., S. 162 (Zweites Buch).
44 Rauer (2012), S. 114 ff.
45 Träume, Bd. 2, S. 983.
46 Denken, Bd. 5, S. 270/271.
47 Jachmann (1804), S. 77/78.
48 Ebd., S. 80/81.
49 Ebd., S. 81/82.
50 Heine (1835), S. 189/190.
51 Borowski (1804), S. 120/121.
52 Jachmann (1804), S. 67.
53 Vorländer (1992), S. 188 (Zweites Buch).
54 Ebd., S. 178 (Zweites Buch).
55 Vgl. Soddemann (o. J.).
56 Vgl. Münzenversandhaus Reppa (o. J.), S. 35.
57 Borowski (1804), S. 187.
58 AA, Bd. 20, S. 44.
59 Diderot (1755), Bd. 1, S. 149–234, hier S. 186 f.
60 Landsmannschaft Ostpreußen (1976), S. 25.
61 Jünemann (1909), S. 31–38, Abschnitt II.
62 Denken, Bd. 5, S. 273 (Anm.).
63 Fakultäten, Bd. 9, S. 291.
64 Vorländer (1992), S. 80 (Zweites Buch).
65 KrV, Bd. 3, S. 22.
66 Ebd., S. 23.
67 Prolegomena, Bd. 5, S. 118.
68 KrV, Bd. 3, S. 45.
69 Ebd., S. 98.
70 Ebd., S. 51.
71 Mendelssohn (1785), Vorbericht, o. S.
72 KrV, Bd. 3, S. 297.
73 Nietzsche (1884), S. 77.
74 KrV, Bd. 3, S. 35.
75 Zit. nach Vietta (1992), S. 139/140.
76 Anthropologie, Bd. 10, S. 595 (Anm.).
77 Kulturstiftung der deutschen Vertriebenen.
78 Vorländer (1992), S. 198/199 (Zweites Buch).
79 Anthropologie, Bd. 10, S. 595. Diese amüsante Episode, die Gräfin Caroline Charlotte Kant erzählt hatte, gibt dieser in einer Fußnote in seiner Anthropologie wieder.
80 Hasse (1804), S. 37. Der Theologe und Orientalist Johann Gottfried Hasse (1759–1806) war oft zu Gast bei Kant und publizierte 1804 neben Jachmann, Borowski, Rink und Wasianski ebenfalls eine Kant-Biografie, in der er diese Anekdote wiedergibt.
81 Lupin (1844), S. 252.
82 Vorländer (1992), S. 28 (Drittes Buch, Zweiter Teil).
83 Jachmann (1804), S. 166–168.
84 Wasianski (1804), S. 38.
85 Nach der Schilderung von Vorländer (1992), S. 11/12 (Drittes Buch, Zweiter Teil).
86 Ebd., S. 11 (Drittes Buch, Zweiter Teil).
87 Nach der Schilderung von ebd.
88 Wasianski (1804), S. 40.
89 Vorländer (1992), S. 12 (Drittes Buch, Zweiter Teil).
90 Ebd.
91 Abegg (1976), S. 189.
92 Vorländer (1992), S. 13 (Drittes Buch, Zweiter Teil).
93 Abegg (1976), S. 149.
94 Wasianski (1804), S. 32.
95 Ebd., S. 192/193.
96 KpV, Bd. 6, S. 222.
97 GMS, Bd. 6, S. 18.
98 Ebd., S. 16.
99 Die »Allgemeinheit eines Gesetzes«, GMS, Bd. 6, S. 51.
100 Ebd.
101 KpV, Bd. 6, S. 140.
102 Rousseau (1983), S. 23.
103 Arendt (1964), S. 7.
104 GMS, Bd. 6, S. 61.
105 Schiller (1797), S. 296.
106 MS, Bd. 7, S. 338.
107 Frieden, Bd. 9, S. 224.
108 Fakultäten, Bd. 9, S. 358.
109 Theorie des Himmels, Bd. 1, S. 383.
110 Wasianski (1804), S. 122.
111 Alle Notizen in: Wasianski (1804), S. 48.
112 Ebd., S. 127/128.
113 Ebd., S. 158.
114 Vorländer (1992), S. 341 (Viertes Buch).
115 KpV, Bd. 6, S. 300.

Epilog

Es ist nicht ungewöhnlich, dass herausragende künstlerische oder wissenschaftliche Leistungen die historische Person ihrer Urheber*innen in der öffentlichen Wahrnehmung überlagern. Im Falle Immanuel Kants ist diese Entkopplung von Werk und Biografie besonders auffällig, wobei seine auf wenige Anekdoten banalisierte Lebensgeschichte die Kraft seines Denkens fast mythisch überhöht. Die ausführliche Beschäftigung mit seiner »kantigen« Philosophie wurde folgerichtig dem akademischen Diskurs überlassen, der für Laien kaum nachvollziehbar ist.

Und doch sind Kants analytisches Denken und wegweisende Maximen des moralischen Handelns in unserem geistigen und gesellschaftlichen Kanon tief verankert. Seine Aufforderung »Habe Mut, dich deines eigenen Verstandes zu bedienen!« (1784) wurde zum Wahlspruch der Aufklärung, hat aber von ihrer explosiven Dringlichkeit bis heute nichts eingebüßt. Kants interdisziplinärer Zugang zum kausalen Weltganzen sowie die Synthese aus Verstand und sinnlicher Wahrnehmung stellen für unsere Erkenntnisfähigkeit ein verlässliches Koordinatensystem dar. Sein kategorischer Imperativ und seine Gedanken zur Menschenwürde werden als nachhaltiges Vermächtnis bleiben, für uns alle.

Unsere Ausstellung Immanuel *Kant und die offenen Fragen* will die Essenz und die vitale Aktualität dieser Gedanken einem breiten Publikum vermitteln. Es ist gleichzeitig der Versuch, Kants philosophischen und biografischen Weg differenziert, aber doch verständlich nachzuzeichnen. Zu den tragenden Elementen unseres Konzepts gehört der Einsatz von Virtual Reality: Die akribische Rekonstruktion des historischen Königsberg sowie die erhellenden wie kurzweiligen Einführungen in die kantische Philosophie sind nicht nur technisch betrachtet State of the Art, sondern auch ein einzigartiges Vermittlungsinstrument. Als komplementäres Angebot zur Ausstellung legen wir hiermit die anschauliche Bilderreise durch Kants Universum von Antje Herzog vor, auf der sie Thomas Ebers mit Kurztexten zur kantischen Philosophie begleitet. Die enge Verzahnung der unterschiedlichen Erkenntnis- und Erzählebenen macht das Buch zu einem ästhetischen und intellektuellen Abenteuer. Wir danken unserer Illustratorin Antje Herzog für diesen originellen Zugang und unserem Co-Kurator Thomas Ebers, der gemeinsam mit Agnieszka Lulińska die Ausstellung als einen experimentierfreudigen Parcours entwickelte, für seine profunde Expertise.

Kants philosophisches Werk und die Epoche der Aufklärung bedürfen im 21. Jahrhundert einer differenzierten Betrachtung. Beide hinterlassen uns ein ambivalentes Erbe, das nicht frei ist von Verstrickungen in Kolonialismus, Antijudaismus und Sexismus. Diese gilt es zu hinterfragen und historisch zu kontextualisieren. Das geschieht in der Ausstellung mittels kritischer Interventionen, die gemeinsam mit dem DFG-Forschungsprojekt »Wie umgehen mit ...?« der Friedrich-Schiller-Universität Jena entwickelt worden sind. Wir danken insbesondere Andrea Esser und Hannah Peaceman für einen äußerst fruchtbaren und inspirierenden Dialog. Mit dem Ostpreußischen Landesmuseum in Lüneburg und seinem Direktor Joachim Mähnert verbindet uns seit Beginn des Projekts eine vertrauensvolle Zusammenarbeit. Das Landesmuseum ist unser größter Leihgeber und verlässlicher Kooperationspartner bei der Implementierung einer der zentralen Erfahrungsebenen der Ausstellung – der virtuellen Welten des Immanuel Kant.

Allen Mitwirkenden an diesem komplexen Unterfangen, allem voran dem großartigen Team der Bundeskunsthalle, danken wir herzlich für das professionelle Engagement und die unermüdliche Suche nach kreativen Lösungen. Wir freuen uns über dieses besondere Projekt und hoffen, dass es dazu beitragen kann, Immanuel Kant besser kennenzulernen und unser selbstständiges Denken zu aktivieren.

Eva Kraus
Intendantin der Bundeskunsthalle

Agnieszka Lulińska
Kuratorin der Ausstellung, Bundeskunsthalle

Immanuel Kants Werke

Kants Schriften werden zitiert nach *Immanuel Kant. Werke in zehn Bänden,* hrsg. von Wilhelm Weischedel, Darmstadt 1983 (Sonderausgabe):

Kräfte: *Gedanken von der wahren Schätzung der lebendigen Kräfte* (1746, gedruckt 1749)

Theorie des Himmels: *Allgemeine Naturgeschichte und Theorie des Himmels, oder Versuch von der Verfassung und dem mechanischen Ursprunge des ganzen Weltgebäudes nach Newtonschen Grundsätzen abgehandelt* (1755)

Träume: *Träume eines Geistersehers, erläutert durch Träume der Metaphysik* (1766)

KrV: *Kritik der reinen Vernunft* (1. Aufl. 1781, 2. Aufl. 1787)

Prolegomena: *Prolegomena zu einer jeden künftigen Metaphysik, die als Wissenschaft wird auftreten können* (1783)

Aufklärung: *Beantwortung der Frage: Was ist Aufklärung?* (1784)

GMS: *Grundlegung zur Metaphysik der Sitten* (1785)

Denken: *Was heißt: Sich im Denken orientieren?* (1786)

KpV: *Kritik der praktischen Vernunft* (1788)

KdU: *Kritik der Urteilskraft* (1790)

Frieden: *Zum ewigen Frieden. Ein philosophischer Entwurf* (1795)

MS: *Die Metaphysik der Sitten* (1. Aufl. 1797, 2. erw. Aufl. 1798)

Anthropologie: *Anthropologie in pragmatischer Hinsicht* (1798)

Fakultäten: *Der Streit der Fakultäten in drei Abschnitten* (1798)

Logik: *Immanuel Kants Logik, ein Handbuch zu Vorlesungen,* auf Verlangen des Verfassers hrsg. und zum Teil bearb. von Gottlob Benjamin Jäsche (1800)

Pädagogik: *Immanuel Kant über Pädagogik,* hrsg. von D. Friedrich Theodor Rink (1803)

Darüber hinaus wird Kant zitiert nach der Akademie-Ausgabe (AA): *Kant's Gesammelte Schriften*, 29 Bde., Bd. XIV–XXIII, Berlin ab 1902

Literatur

Abegg, Johann Friedrich: *Reisetagebuch von 1798,* Frankfurt am Main 1976

Arendt, Hannah: *Hannah Arendt im Gespräch mit Joachim Fest. Eine Rundfunksendung aus dem Jahr 1964,* hrsg. von Ursula Ludz und Thomas Wild; https://www.hannaharendt.net/index.php/han/article/view/114/193 [letzter Zugriff 30.9.2023]

Baczko, Ludwig von: *Versuch einer Geschichte und Beschreibung der Stadt Königsberg,* 2. Heft, [Königsberg] 1788

Blumenberg, Hans: »Licht als Metapher der Wahrheit«, in: *Studium Generale* 10 (1957), S. 432–447

Borowski, Ludwig Ernst: *Über Immanuel Kant,* Bd. 1: *Darstellung des Lebens und Charakters Immanuel Kant's,* Königsberg 1804

Bosse, Heinrich: »Öffentlichkeit im 18. Jahrhundert. Habermas revisited«, in: *Navigationen – Zeitschrift für Medien- und Kulturwissenschaften,* Jg. 15 (2015), Nr. 1, S. 81–97

Diderot, Denis: Artikel »Encyclopedia« [1755], in: ders.: *Philosophische Schriften,* Berlin 1961, Bd. 1, S. 149–234

Fonseca, Joao F. B. D.: »A Reassessment of the Magnitude of the 1755 Lisbon Earthquake«, in: *Bulletin of the Seismological Society of America,* 2020, 110 (1), S. 1–17

Hasse, Johann Gottfried: *Merkwürdige Aeusserungen Kant's von einem seiner Tischgenossen,* Königsberg 1804

Heine, Heinrich: *Der Salon,* Bd. 2, Hamburg 1835

Herder, Johann Gottfried: *Briefe zur Beförderung der Humanität,* Riga 1795, Bd. 6

Irrlitz, Gerd: »Die frühen naturphilosophischen und metaphysischen Schriften, spätere kleinere naturphilosophische Aufsätze, die Geographie-Vorlesung«, in: *Kant-Handbuch,* Stuttgart 2015, S. 67–89

Jachmann, Reinhold Bernhard: *Immanuel Kant, geschildert in Briefen an einen Freund,* von Reinhold Bernhard Jachmann, Königlichem Director des von Conradischen Provinzial- Schul- und Erziehungs-Instituts, Königsberg 1804

Jünemann, Franz: *Kantiana. 4 Aufsätze zur Kantforschung und Kantkritik,* nebst einem Anhange, Leipzig 1909

Kreuzer, Johann: »Das Licht als Metapher in der Philosophie«, in: *Studium Generale* 2014/15 (2016): *Licht,* Universität Heidelberg, S. 63–84

Krünitz, Johann Georg: *Oeconomische Encyclopaedie oder allgemeines System der Staats-, Stadt-, Haus- und Landwirtschaft und der Kunstgeschichte, in alphabetischer Ordnung,* Berlin 1773–1858, hier Bd. 43 (1788)

Kuhn, Manfred: *Kant. Eine Biographie,* München 2003

Kulturstiftung der deutschen Vertriebenen: *Keyserling(k), Charlotte Caroline Amalie Gräfin* (Biographie); https://kulturstiftung.org/biographien/keyserlingk-charlotte-caroline-amalie-grafin-von-2#:~:text=Er%20begann%20mit%20dem%20Ausbau,ein%20pr%C3%A4chtiges%20K%C3%BCnstler%2DAtelier%E2%80%9C [letzter Zugriff 30.9.2023]

Landsmannschaft Ostpreußen – Abteilung Kultur (Hrsg.): *Walter Scheffler. Leben und Werk,* [Hamburg] 1976; https://ostpreussen.de/uploads/media/Walter_Scheffler_-_Leben_und_Werk.pdf [letzter Zugriff 30.9.2023]

Lauer, Gerhard; Unger, Thorsten (Hrsg.): *Das Erdbeben von Lissabon und der Katastrophendiskurs im 18. Jahrhundert,* Göttingen 2008

Lichtenberg, Georg Christoph: *Schriften und Briefe,* hrsg. von Wolfgang Promies, Bd. 1: *Sudelbücher I,* München 1968

Lupin, Friedrich von: *Selbst-Biographie des Friedrich Freiherrn v. Lupin auf Illerfeld,* 4 Bde., Weimar 1844–47 (Bd. 1, 1844)

Mendelssohn, Moses: *Morgenstunden oder Vorlesungen über das Daseyn Gottes,* Berlin 1785

Münzenversandhaus Reppa GmbH (Hrsg.): *Kleine Sammlerkunde. Nützliches und Wissenswertes rund um das Münzensammeln,* Pirmasens o. J.; https://www.yumpu.com/de/document/read/537026/kleine-sammlerkunde [letzter Zugriff 1.10.2023]

Neiman, Susan: *Moralische Klarheit. Leitfaden für erwachsene Idealisten,* Hamburg 2010

Nietzsche, Friedrich: *Also sprach Zarathustra. Ein Buch für Alle und Keinen,* Bd. 3, Chemnitz 1884

Rauer, Constantin: *Wahn und Wahrheit. Kants Auseinandersetzung mit dem Irrationalen,* Berlin 2007

Reusch, Rudolf F.: *Sagen des Preußischen Samlandes,* 2. völlig umgearb. Aufl. Königsberg/Pr. 1863

Rousseau, Jean-Jacques: *Vom Gesellschaftsvertrag oder Grundsätze des Staatsrechts,* Stuttgart 1983

Schiewe, Jürgen: *Die Macht der Sprache,* München 1998

Schiller, Friedrich (Hrsg.): *Musen-Almanach für das Jahr 1797,* Tübingen 1797; https://de.wikisource.org/w/index.php?title=Seite:Schiller_Musenalmanach_1797_296.jpg&oldid=- [letzter Zugriff 30.9.2023]

Schiller, Friedrich: *Schillers Werke, Nationalausgabe,* Bd. 26: *Briefwechsel, Schillers Briefe. 1.3.1790–17.5.1794,* hrsg. von Edith Nahler und Horst Nahleri, Weimar 1992

Schwarz, Johann Ludwig: *Denkwürdigkeiten aus dem Leben eines Geschäftsmannes, Dichters und Humoristen,* Leipzig 1828

Soddemann, Oliver: »Ein paar Anmerkungen zum Reichstaler, seinem Wert und seiner Kaufkraft«, o. J.; https://www.soddemann.de/soddemann/einbruch_in_capelle.htm [letzter Zugriff 1.10.2023]

Vietta, Silvio: *Die literarische Moderne. Eine problemgeschichtliche Darstellung der deutschsprachigen Literatur von Hölderlin bis Thomas Bernhard,* Stuttgart 1992

Vorländer, Karl: *Immanuel Kant. Der Mann und das Werk,* Hamburg 1992 (2 Bd. in einem Bd., Erstaufl. Leipzig 1924)

Wasianski, Ehregott Andreas Christoph: *Über Immanuel Kant,* Bd. 3: *Immanuel Kant in seinen letzten Lebensjahren. Ein Beytrag zur Kenntniß seines Charakters und häuslichen Lebens aus dem täglichen Umgange mit ihm,* Königsberg 1804

Die Autor*innen

Antje Herzog ist Illustratorin und UX/UI-Designerin. 2007 zog sie auf Zeichnerwanderschaft durch die Welt und entdeckte ihre Leidenschaft für Tusche, Feder und Schraffierungen. 2017 erschien ihre Graphic Novel *Lampe und sein Meister Immanuel Kant.* Sie erarbeitete die gezeichnete Biografie Kants in der Ausstellung *Immanuel Kant und die offenen Fragen* in der Kunst- und Ausstellungshalle der Bundesrepublik Deutschland, Bonn.

Thomas Ebers ist promovierter Philosoph, Soziologe und vergleichender Religionswissenschaftler. Er ist als Fachbuchautor und Dozent tätig und leitet das 4 2 3 | Institut für angewandte Philosophie und Sozialforschung. Gemeinsam mit Agnieszka Lulińska kuratiert er die Ausstellung *Immanuel Kant und die offenen Fragen* in der Kunst- und Ausstellungshalle der Bundesrepublik Deutschland, Bonn.

Impressum

Diese Publikation erscheint anlässlich der Ausstellung *Immanuel Kant und die offenen Fragen* vom 24. November 2023 bis 17. März 2024.

Eine Ausstellung der Kunst- und Ausstellungshalle der Bundesrepublik Deutschland in Kooperation mit dem Ostpreußischen Landesmuseum mit Deutschbaltischer Abteilung, Lüneburg, und dem DFG-Forschungsprojekt »Wie umgehen mit …?« der Friedrich-Schiller-Universität Jena

AUSSTELLUNG

Intendantin
Eva Kraus

Kaufmännischer Geschäftsführer
Oliver Hölken

Kuratorisches Team
Agnieszka Lulińska und Thomas Ebers

Projektassistenz
Martin Hoffmann

Illustrationen
Antje Herzog

Virtual-Reality-Welten des Immanuel Kant
men@work Media Services S.R.L., Bukarest

Ausstellungsgestaltung und grafik
Sunder-Plassmann & Werner Szenografie

Ausstellungsrealisation
Hossein Maghsoudi

Medien
Martin Leetz

Restaurierung
Yasemin Becker

Transport
Karin Weber

www.bundeskunsthalle.de

BUNDESKUNSTHALLE

Gefördert durch:

In Kooperation mit:

OL.
Ostpreußisches
Landesmuseum
mit Deutschbaltischer
Abteilung

Wie umgehen
mit
?

PUBLIKATION

Herausgeberin
Kunst- und Ausstellungshalle der Bundesrepublik Deutschland

Redaktion
Agnieszka Lulińska

Autor*innen
Antje Herzog und Thomas Ebers

Katalogmanagement
Jutta Frings mit Helga Willinghöfer

Projektleitung Verlag
Doris Hansmann

Lektorat
Şebnem Yavuz

Satz und Gestaltung
Antje Herzog und Johannes Seibt

Schrift
Prillwitz

Papier
Magno natural

Bildnachweis
Alle Illustrationen © Antje Herzog

Gesamtherstellung
Wienand Verlag

Printed in EU

Erschienen im Wienand Verlag
Weyertal 59, 50937 Köln

www.wienand-verlag.de

ISBN 978-3-86832-785-4

Bibliografische Information der Deutschen Nationalbibliothek

Die Deutsche Nationalbibliothek verzeichnet diese Publikation in der Deutschen Nationalbibliografie; detaillierte bibliografische Daten sind im Internet über http://dnb.dnb.de abrufbar.

Wienand-Publikationen werden weltweit in führenden Buchhandlungen und Museumsshops angeboten (Vertrieb in Europa, Asien, Nord- und Südamerika).